中华先烈人物故事汇

鲁中生

军事科学院解放军党史军史研究中心

学习出版社

中华先烈人物故事汇《曾中生》编委会

主　任：陈传刚

副主任：陈秋波　陈永红　周　鑫

编　委：郭　芳　褚　杨　王　冬

　　　　王　雷　黄学爵　刘向东

主　编：陈秋波

副主编：张　薇

编　著：王　昆

目 录
Contents

引 子

　　曾中生，1900年6月10日出生，湖南资兴人。无产阶级革命家、军事家，中国工农红军高级指挥员。

　　曾中生在中学期间就参加了五四爱国运动，毕业后，为寻求救国救民的道路，入桂军当过参谋，后因政见不同而离开。1925年，考入黄埔军校第四期，积极参加中共组织领导的中国青年军人联合会，同年加入中国共产党。

　　1926年，曾中生从黄埔军校毕业后，分配到国民革命军第8军，任前敌总指挥部政治部组织科科长，参加了北伐战争。北伐军占领武汉后，任《汉口民国日报》主笔，与黄埔军校毕业的同学一起规劝和阻止过蒋介石叛变革命的行为。四一二反革命政变后，曾中生积极联合国民党左派，进行讨蒋斗争。1927 年 9 月，赴苏联莫斯科中山大学学习。

1928 年 6—7 月，曾中生参加了在莫斯科召开的中国共产党第六次全国代表大会后，积极要求回国工作。同年冬回国，先后任中共中央军事部参谋科科长、中共南京市委书记、中共中央军事委员会委员、武装工农部部长。

1930 年 9 月，曾中生被派往鄂豫皖苏区领导工作。在国民党军队对鄂豫皖苏区发动第一次"围剿"的危急时刻，他根据中共中央和中央军委的指示，果断成立中共鄂豫皖临时特委和临时革命军事委员会。曾中生担任临时特委书记兼军委主席，组织指挥红 1 军、红 15 军和地方武装，以集中兵力，乘敌不备，各个击破的战略方针，粉碎了国民党军队对鄂豫皖革命根据地的第一次"围剿"。

1931 年 1 月，根据中央指示，将红 1 军与红 15 军合编为红 4 军。曾中生随后组织发起攻打磨角楼和新集的"拔钉"作战，将鄂豫皖革命根据地连成一片。之后，他指挥红 4 军袭击李家集车站，俘虏南运敌兵 1 个旅，双桥镇大战歼灭国民党军 1

个师，运用"避实击虚"的战法，战胜了国民党8个师2个旅的围攻，有力地配合了中央红军反"围剿"的斗争。

党的六届四中全会召开后，王明"左"倾教条主义在中央占据统治地位，张国焘被派到鄂豫皖根据地来"改造"党组织和红军领导层。张国焘一到，就对曾中生领导的鄂豫皖苏区取得的成绩全盘否认，并根据中共中央决定撤销鄂豫皖特委，成立鄂豫皖中央分局，成立新的鄂豫皖革命军事委员会，张国焘任分局书记和军委主席，曾中生任军委副主席兼红4军政治委员。

1931年6月，曾中生与徐向前等人主张，乘敌第三次"围剿"尚未发动之前，主动出击南下作战。在曾中生等人的带领下，连克英山、蕲水、罗田、广济等县城，相继取得漕河镇、洗马畈等战斗的胜利，却因与张国焘主张的"巩固苏区""一寸土地也不让敌人蹂躏"方针不一致而发生争论。随后，张国焘借"肃反"之名，撤销了曾中生红4军政治委员的职务，为他推行王明"左"倾机会主义路线扫清了障碍。

1931年11月，红4军与新成立不久的红25军合并为红四方面军，曾中生被排除在四方面军领导层之外。后被任命为新建的独立第1师师长。他毫不计较个人得失，勤勤恳恳地为党工作，致力于独立师的建设，带领独立第1师多次出色地完成作战任务。

由于张国焘在军事指挥上的失误，使红四方面军在第四次反"围剿"的战斗中遭到严重失败，被迫放弃鄂豫皖根据地，无计划、无目的地向西转移。在敌人的紧追之下，于1932年12月到达陕西南部城固县小河口，才得以喘息休整。

为此，曾中生痛心疾首，他为红四方面军的前途命运担忧，在关系红四方面军安危的紧要关头，他决定集中大多数红军指战员的意见，向张国焘写意见书，对张国焘的错误行为提出批评。张国焘迫于当时的危机，只好暂时接受了大家的意见，在小河口召开部分师以上干部会议，决定成立西北革命军事委员会，曾中生出任参谋长。

曾中生积极参与领导和指挥红四方面军同国民党军及四川军阀作战，迅速解放通江、南江、巴中等地，并开辟了川陕革命根据地，红四方面军迅速发展壮大起来。为提高部队官兵的军事素质，曾中生又致力于加强部队军事训练，注重军事理论研究。为培训干部，他先后写下《与川军作战要点》《游击战争要诀》等军事著述供部队干部学习。

就在红四方面军刚刚在川陕站稳了脚跟之时，张国焘见报复的条件已成熟，下决心"除掉"曾中生等"心腹之患"。他发动了所谓"反右"斗争，把对他提过意见的一些领导干部诬蔑为"右派""反党活动分子"，实行疯狂的打击报复。1933年8月1日，张国焘突然以西北革命军事委员会主席之名义，免去曾中生西北革命军事委员会参谋长的职务，并以"右派首领"等罪名逮捕并长期监禁。

曾中生在关押期间，始终坚信党中央，坚信中央军委的正确领导，身陷囹圄，仍心系红军建设。他系统地总结了红四方面军反"围剿"作战的经验，撰写了著名的军事著作《与"剿赤"军作战要诀》。西北革命军事委员会将这篇著作印成小册子发给部队。后来这本小册子和《与川军作战要点》《游击战争要诀》一起，被人转带到延安，受到毛泽东的大加赞赏，也为毛泽东系统总结中国革命战争和战略问题提供了依据。

1935年6月，红四方面军与中央红军在川西北懋功地区胜利会师，张国焘做贼心虚，害怕自己在鄂豫皖和红四方面军的所作所为被曾中生反映到中央，顿时起了杀心。1935年8月，曾中生被秘密杀害于四川西北部卓克基的一片树林里，时年35岁。

从小立下救国救民志

胸怀正义的少年郎

　　湖南省的州门司镇，山峦起伏，绿树成荫，阡陌纵横，梯田层叠。距镇七八里，有个叫春牛村的小村子，四面环山，远远望去，村前的峰峦像一头巨大的牛，永乐江犹如一根碧绿的绳带，从村子一旁穿过，青山、碧水、田园、民居构成一幅美丽的生态画卷。1900 年 6 月 10 日，曾中生就出生在这里。

　　曾中生原名曾钟圣，字炎光，乳名光斋。父亲曾经伦，在当地是个有身份的乡绅，深受乡里人尊重；母亲李桂花是位贤惠的家庭妇女，邻里关系相处和睦。他们育有两子，曾中生之后，又生了二儿子曾希圣。曾中生的爷爷曾道钊是个不得志的秀才，在镇上以开设黄阳学馆为生。

爷爷对曾中生兄弟俩喜爱有加，从小就给他俩讲《三国演义》《水浒传》和岳飞的故事，那些英雄豪杰的形象，潜移默化地触进了兄弟俩幼小的心灵。爷爷曾道钊因不得志，心中对社会颇为不满，他在讲故事的时候，总是穿插一些官府腐败、民众揭竿反抗的内容，教育他们怎么为人，要做一个什么样的人。兄弟俩对爷爷所讲的道理似懂非懂，但对李广、岳飞、林则徐这些英雄豪杰的英勇壮举十分仰慕。

曾中生出生的年代，正值穷途末路的清王朝处于风雨飘摇之中，内忧外患频仍不绝。国内政治腐败，时局动乱不安，狼奔豕突，鬼蜮横行，"洒向人间都是怨"。而英、美、德、法、俄、日、意、奥八国联军又借口清政府"排外"，大举进攻京津地区，趁机烧杀劫掠，瓜分中国。国家正蒙受深重的灾难。

就在这时，一场席卷中华大地，以农民为主体的义和团运动爆发了，义和团的将士们同帝国主义及其走狗进行了英勇的斗争。然而这场伟大的反帝爱国运动，在清政府和八国联军的残酷镇压下最终失败了，成千上万的中华儿女倒在了血泊之中，腐败无能的清政府还同帝国主义列强签订了丧权辱国的《辛丑条约》。这是中华民族灾难最为深重的年月，国家处于极度的黑暗之中，人民在苦难中呻吟挣扎。但是，新的革命风暴也正在酝酿，一大批爱国志士仁人正在孕育和成长。

　　曾中生7岁那年，父母把他送到爷爷曾道钊开设的黄阳学馆发蒙。在爷爷的精心教导下，曾中生不仅练得一手好字，几年下来就能熟读四书五经。他勤奋好学，很受爷爷和其他老师的喜爱。

　　1911年的一天，老师的一个亲戚从长沙来黄阳学馆，讲起辛亥革命的故事，曾中生听得十分着迷，他敬佩辛亥革命的英雄，暗暗发誓长大后也要做一个对国家有用的人。

　　爷爷曾道钊看到两个孙子有如此的天分，更加用心培养，他认为，要想他们将来光宗耀祖，成为对国家有用之人，不但要学好知识，身体也要强壮。于是，专门请了当地一个武艺高强的人教他们兄弟俩习武。曾中生、曾希圣兄弟俩头脑灵活，练武也像习文一样，刻苦用功。尤其是曾中生坚持早上练武功，无论是上学还是帮家里干活儿，只要一有空隙，就从兜里掏出书来读，晚上就着桐油灯习字、背书很晚才睡。

"吾要学岳飞，精忠报国，就须能文能武。"曾中生抱着这样的坚定信念，和弟弟一起比学赶帮，共同进步。有一次，曾中生别出心裁地用牙齿咬住盛着稻谷的箩筐练耐力。后来又和弟弟比赛，两人各咬一只箩筐围绕祠堂的天井打圈圈，看谁打的圈多。没多久，曾中生就能将盛满稻谷的箩筐，用牙齿咬住绳索，双手反剪，围着天井走上两三回，村里人见了都赞叹不已。

曾中生的父亲曾经伦是家里的独子，他对自己两个儿子的成长进步和出色表现比较满意，只是对父亲曾道钊不太孝顺，他总觉得父亲把祖上留下的偌大家业给败了，因此对父亲极为刻薄。曾道钊实在无法忍受，就离家出走，到附近的一个寺庙里隐居起来，要求"舍身"，还写了副对联贴在门口，上联是"不闻不问"，下联是"若有若无"。

这副对联被回家的曾中生看见了，他愤于父亲的不仁不义，不应该逼走爷爷。于是，就在对子中续写道："不闻不问避烦恼，若有若无作死之。"还特意加了个横批："独子不孝。"

这副改写的对联被回家的曾经伦看到了，或许是良心发现，或许是心中感到愧疚，第二天一大早，他就跑到寺庙里，向父亲道歉，并接回家中好生对待。

曾经伦是当地的乡绅，经常被人请去处理一些乡村纠纷问题。有一次，曾经伦带着曾中生去帮人处理一起纠纷。按当地乡俗，纠纷双方要置办酒席，酒席费用由败诉一方承担。这次纠纷的一方和曾家沾点亲，曾经伦酒足饭饱之后，作出了明显偏袒亲戚的评判。不料，在一旁的曾中生大声说："这事，我觉得断得不公道，我们不能让老实人吃亏！"气得父亲大声骂他："短命崽！你细伢子晓得什么公道不公道！"在众人的关注下，曾经伦不得不重议，结果最后让双方都满意。

中华先烈人物故事汇 曾中生

1913 年，曾中生、曾希圣兄弟俩一起考取了县城汉宁高小。这所学校教的主要是新学，课本大多采用白话文。曾中生在这里学到了许多新知识，进一步开阔了眼界。兄弟俩如饥似渴地阅读，很快，他俩的才气逐渐显现出来。曾中生写的文章，文笔清秀，说理透彻，颇有新意，深得老师的赞赏，经常作为范文在班上宣读和学校里公展。同学们把他称为"东乡才子"，把兄弟俩称为"兄弟才子"。

暑假的一天，曾中生到爷爷的黄阳学馆去玩，学馆里的人见后要他为学馆写副对联，曾中生欣然允诺，一挥而就写下"黄种于斯为盛，阳光到处皆增"，横批"黄阳小学"。这副对联既表达了他的雄心壮志，又展现了中华民族必然强大，母校前景光明的含义，深得师生们称道。大家为曾家又出了这么个有志向和学问的孩子感到高兴，爷爷曾道钊听到大家的夸赞，也颇为得意，从两个孙子身上看到了光宗耀祖的希望。

曾中生在汉宁高小求学期间，热衷于看那些反映时事、抨击时政、宣传新思想和新文化的报刊杂志，他十分看不惯不公正的现象，遇事总要出头打抱不平。当时，当地大烟泛滥，害得许多家庭家破人亡，当局也装模作样地设立了禁烟所，实际上干的是"挂羊头卖狗肉"的事，他们打着"禁烟"的旗号，干着贩烟的勾当，贻害百姓。曾中生了解后，决定戏弄戏弄他们。他写好一副对联，趁天黑偷偷地贴在了"禁烟所"的门上，"所长无所长无所事事，好处真好处真好逍逍"，横批"乌龟王八"。

第二天天一亮，禁烟所门口围了一大群人，指指点点，边看边笑。所长听见门口人声鼎沸，不知道出了什么事，到门口探头探脑，大家见了他，一阵哄笑。所长这才看见对联，登时胖脸涨成了猪肝色，匆匆两把把对联撕下来，躲进了屋里，连续好几天没敢出门见人。

当时县里的戒烟工作做得很不好，老百姓的意见非常大，主要是禁烟所所长袁蠢南暗自包庇那些地下烟馆。有家开赌馆的老板，暗地里开着大烟馆，没人敢查。在老师的支持下，曾中生决定先用计策巧入赌馆查看实情，果然发现的确有人在此聚众抽大烟。于是，他又假装赌馆老板的外甥，去请包庇赌馆的禁烟所所长袁蠹南，这时，事先组织好的一群学生和群众进入赌馆，现场查获了一堆烟具和烟土，然后，在学生和百姓的簇拥下，当着禁烟所所长的面，将赌馆老板扭送到了县知事公署。结果赌馆老板也供出了其后台就是禁烟所所长，最后，禁烟所所长也被关到了牢里。

投笔入桂军

　　1917 年，曾中生考上了湖南省郴州第七联合中学。入校后，他勤奋学习，认真攻读各门功课，星期天不回家，也不出去游玩，一大早就到图书室里阅读各种书籍。17 岁时的曾中生，个头长得很高，浓眉大眼，显得精明强干，为人也刚毅豪侠，很受同学的尊敬和喜欢。他特别爱好历史和地理，他说："读历史能让头脑变得清醒，能更好地认清当前的现实社会。读地理能开阔眼界，知道天地之大，更好地了解世界，了解中国。"课余之时，他常与老师和同学谈古论今，探究学理，讨论中华民族的前途命运和中国的出路，并积极拥护孙中山先生提出的"三民主义"，一时间，他在学校的知名度很高。

曾中生入学不久，俄国十月社会主义革命胜利的消息传到国内，并在郴州第七联合中学的进步学生中迅速传播开来，曾中生想方设法打听消息，并借来进步书刊阅读。从此，他又把目光转向学习和研究马克思列宁主义，研究社会主义制度。通过学习，使他的思想和视野更加开阔。

1919 年，五四爱国运动在北京爆发，并很快得到全国的响应。湖南省在毛泽东等进步人士的领导下，迅速掀起了声势浩大的反帝反封建运动。曾中生满腔热情地同郴州第七联合中学的进步学生一起参加罢课游行斗争。他走上街头参加游行，张贴标语，检查日货，发表演讲，向群众宣传反帝爱国的道理。平日就能说会道、长于辩论的曾中生，在这次斗争中，表现得异常活跃，他慷慨激昂、滔滔不绝地演讲，常常被听众围得水泄不通。为了更好地在学生中传播五四运动的新思想新文化，他和几个同学一起发起了读书会，大家传阅《新青年》《每周评论》《湘江评论》等进步刊物，宣传马克思列宁主义思想，唤醒了联中更多的热血青年投身到革命热潮中来。

1922年，曾中生联中毕业，他本想继续读书深造，走出郴州到省城乃至北京去寻求革命真理，但迫于家庭的要求和生计原因，就受聘于资兴县县城的乐成高小任教。他一边认真教学，一边关注社会形势的发展变化，在教授学生知识的同时，不断地向他们传授五四运动以来的新思想新文化。

面对社会黑暗、政治腐败和民不聊生的窘境，曾中生苦苦地思索着：读书十几年，曾经的理想和抱负难道就为这"五斗米"而折腰？我要为改变社会现状而努力，要唤起更多的民众，为寻求救国救民的道路而奋斗！于是，他约了几个同学，办起了"民生社"，宗旨是按照孙中山先生的"三民主义"，探索解决中国人最迫切的民生问题。一时间，参加"民生社"的人很多，大家的讨论十分广泛，在当地产生了很大的影响。不久，县衙知道后，就派人查封了"民生社"。为此，曾中生感到十分气愤。为实现自己的理想和满腔抱负，他把自己一直使用的曾钟圣的名字改为了曾中生，意思就是要像孙中山先生那样，为中华民族的崛起和强盛而奋斗一生。

"民生社"被查封的事，对曾中生的触动很大，他感到辛亥革命已10多年了，但小小的山城太闭塞，受封建势力的影响压迫较深，他渴望到外面广阔的世界去闯荡，去寻找匡世济民的出路。经过深思，他认为教书育人虽然能唤醒民众，但不足以拯救国家，眼下只有武力才可以解决中国的诸多问题。于是，曾中生决定投笔从戎，到军队里找出路。

这时，桂系军阀沈鸿英的部队正好驻扎在资兴县城。1922年秋的一天，曾中生找到沈鸿英，说出了自己想参加他们队伍的想法。正愁手下无人的沈鸿英见有这么一位读书人主动来投他，很是高兴，就把曾中生留在身边当了一名副官。经过一段时间的考察，沈鸿英发现曾中生不仅知书识字，在部队里算得上是个"大知识分子"，而且办事精明干练，不久就被提升为参谋。

有一次，沈鸿英率部回广西，路上遭湖南军

阀唐生智部阻击，沈鸿英把曾中生叫到身边说："我们和唐生智并无根本利害冲突，只是路过此地，也不抢占他的地盘，犯不着与他刀枪相见。我想派人去跟唐生智谈判，你有没有胆量走一遭？"

曾中生回答说："唐部可能不知我们的意图，只要向他说明了情况，我想他不会不明事理的。我愿去当这个说客。"

第二天，曾中生带着沈鸿英的亲笔书信，只身来到唐生智的指挥部，面见了唐生智和他的部下，把桂军过境一事向唐部作了陈述。

唐生智见年纪轻轻的曾中生不卑不亢，说话得体，反应敏捷，立刻产生了好感，不仅消除了对桂军的敌意，还顺利地达成了过境协议，避免了一场军事冲突。沈鸿英对曾中生的这次行动极为满意，连夸他有胆量、有办法，从此对他更加另眼相看。

曾中生当兵的目的不是为了升官发财，不久，他就发现这支部队等级森严，争权夺利，互相倾轧，纪律败坏，军阀之间为了争势力、抢地盘，经常置百姓死活于不顾，尤其是在沈鸿英率部从广东撤回广西的途中，部队沿途掳掠，百姓十室九空。

他突然感到，这样的部队是不能拯救中国命运和人民大众之苦难的。

1923年，在中国共产党的领导下，京汉铁路工人大罢工达到高潮，反动军阀吴佩孚在帝国主义的指使下，于2月7日对罢工工人进行血腥镇压，并杀害工人领袖、共产党员林祥谦、施洋等人，制造了震惊中外的二七惨案。曾中生得知这一消息后，心里非常难过，他控制不住自己的情绪，当着多人的面，痛斥了军阀吴佩孚的所作所为，因此，受到军中同僚的排斥，还称他是个"狂徒"。曾中生更加看清了反动军阀沆瀣一气、危害国家和人民的所作所为，他觉得这里和自己的理想相去甚远，在这里任职并不是自己要走的道路。1923年年初，曾中生怀着激愤的心情，毅然离开了沈鸿英的这支军阀部队，回到家乡，继续为寻找救国救民的正确道路而奔波。

1924年春，曾中生来到湖南衡阳看望正在衡阳三中读书的弟弟曾希圣，还见到了在衡阳三师读书的资兴同乡黄义藻、黄干若等几位好友。在交谈中，曾中生了解到湖南的革命形势如火如荼。早在 1922 年夏，毛泽东就派张秋人到衡阳，以第三师范为据点，建立了青年团和共产党组织。党团组织的活动不仅在衡阳三中、衡阳三师开展得很活跃，曾希圣、黄义藻、黄干若等人还在学校创办起了《东升》刊物，宣传共产主义思想。衡阳三中已发展成为湘南革命思潮传播的中心，政治气氛非常浓厚。

曾中生在这里读到了许多介绍马克思列宁主义的书刊，也结识了一些共产党人和进步人士。他从《新青年》《向导》等进步刊物中，读到了李大钊的《庶民的胜利》《Bolshevism 的胜利》《新纪元》《新旧思潮之激战》和介绍十月革命的文章，学习了崭新的革命道理，思想大为开阔。特别是知道孙中山先生在中国共产党的帮助下，在广州召开中国国民党第一次全国代表大会，提出了"联俄、联共、扶助农工"三大政策，国共两党实现了第一次合作的消息，他好像在茫茫黑夜中看到了"新世纪的曙光"，看到了中国革命发展和前进的正确道路。他在日记里写下了自己的感受："今三中一行，胜读十年书矣！"

不驯的黄埔生

　　曾中生非常信仰孙中山先生提出的"三民主义"革命纲领，如今更加拥护在孙中山领导下中国国民党第一次全国代表大会上提出的"联俄、联共、扶助农工"三大政策，赞同共产党的政治主张。他从衡阳三中回到家乡后，恨不得立即跑到广州，投身轰轰烈烈的中国革命洪流。可是，去广州需要一大笔钱，家里的困难他是知道的。经过一段时间的准备，他最终还是说服了父母，家里东挪西借为他准备了一些盘缠。

　　1925 年，曾中生告别父母、告别家乡，跋山涉水来到当时革命运动的中心城市——广州。当看到一派生机盎然的革命气象时，他感到极为兴奋。然而，他在广州人生地不熟，又无人指点和介绍，一时无法融入这股洪流，每天只是不停地寻找和从报纸上了解革命党人的信息。突然有一天，曾中生从报纸上看到了一则黄埔军校招生的广告，这是他向往已久的学校，当即决定前去报考。

对于黄埔军校的情况，曾中生在衡阳三中时就有所了解。这是在孙中山先生领导下所创办的军校，旨在建立革命统一战线后，为统一和巩固广东革命根据地，讨伐盘踞在中国大地上的北洋军阀而准备的武装力量。国民党的蒋介石任校长，共产党人周恩来担任学校政治部主任兼军法处处长，还有一批共产党人在校担任政治教官。曾中生心想，如能进入该校学习，那将是多么荣耀的事情。

他兴致勃勃地前往黄埔军校招生处报考，其他条件都合格，却因无人推荐而未能报上名。曾中生心急如焚，他与招生处的工作人员软磨硬泡了半天，最终也没有同意。找谁来做推荐人呢？他突然想起在衡阳三中时结识的几位共产党人。曾中生决定回衡阳一趟，找弟弟一起向衡阳三中的党组织表达自己的愿望，为他作推荐人。衡阳三中的党组织非常支持曾中生报考黄埔军校，并为他写了推荐信。曾中生连夜赶回广州，虽然路途耽误了一些时间，但还是在报名截止前报上了名。

接下来就是准备文化考试。曾中生凭借扎实的文化功底，加上几个月的刻苦复习，在1925年的入学考试中，以优异的成绩被黄埔军校第四期录取。入学后，又经过半年多的入伍生训练，才转为正式学员。曾中生分在第四期政治科第二队学习。

政治科的教官聘请的是著名的共产党人，恽代英、萧楚女、高语罕、安体诚、张秋人、韩麟符、陈启修等人，经常来学校为他们讲课，政治部主任周恩来也不定期地给学员们作报告。曾中生深受他们的影响和革命思想的熏陶，除完成其他课程外，刻苦学习和深入钻研"社会主义""政治学""农民运动""帝国主义侵略中国史"等内容。每当周恩来、恽代英、萧楚女等作报告或讲课时，他都听得特别专心，认真做笔记，课后还喜欢提出一些问题与同学讨论。

当时，广州农民运动讲习所正开办得如火如荼，曾中生经常和同学们去听讲，尤其是听了毛泽东所作的《中国农民问题》《农村教育》等报告后，他受到了很大的教育和启发，深刻地认识到，解决中国农民问题是中国革命的根本任务之

一，懂得了只有掌握革命武装，革命才能成功的道理。

在黄埔军校的学生中，有许多是由各地的中共党团组织推荐考入的共产党员和共青团员，他们在军校国民党党代表（左派）廖仲恺和周恩来的支持下，于1925年2月1日成立了以共产党员和共青团员为骨干的中国青年军人联合会（以下简称青军会），主要负责人有李之龙、蒋先云、周逸群、徐向前、陈赓等。这个组织一成立，就把"联合军队中的革命分子""建立军队与民众间的亲密关系""拥护革命政府，实行三民主义""把中国从帝国主义和军阀双重压迫之下解放出来"作为宗旨，开展军内外的宣传工作和组织工作。

曾中生入校不久，就在青军会领导人的影响下，积极参加青军会的各项活动。他虽不是共产党员和共青团员，但由于他的积极参与和优秀表现，仍被委任担负起了青军会俱乐部的工作。在曾中生的带动和影响下，许多进步青年军人团结在青军会的周围，热情参与各项活动，阅读进步书刊。为广泛宣传马列主义，提高革命军人的政治觉悟，团结广大青年军人，青军会创办了《中国军人》会刊、《青年军人》旬刊和《中国青年军人联合会周刊》等，每期刊物一出版，曾中生就利用俱乐部的特殊优势，向大家推荐阅读，有时还组织一些进步青年军人开展讨论，团结了一大批军人。

在黄埔军校内，既有共产党员，也有国民党员。虽然国共合作建立了统一战线，但始终存在着斗争和分歧。蒋介石虽然不得已同意成立青军会，但内心是仇视的。随着形势的发展，青军会逐渐为共产党员所掌握，开始具有鲜明的左倾色彩。他暗地里指使国民党右派分子王柏龄、缪斌等人，于1925年12月29日在"中山主义学会"的基础上成立了"孙文主义学会"（以下简称"孙文会"）与青军会相抗衡。这个学会一成立，就蛮横地对青军会进行攻击，"孙文会"中的反动分子经常找青军会的人制造矛盾，挑起事端。

有一次，政治部青军会会员李汉藩到军校管理处领取办公用品，管理处处长林振雄是"孙文会"的极端分子，他故意刁难说这也没有，那也没有。李汉藩看到有人刚领过，便当场戳穿了林振雄的阴谋诡计，林振雄一看隐瞒不住了，原形毕露地恼怒说道："有也不给你！你们共产党去共自己的产好了，这是我们国民党的产。"李汉藩一听急了，当场破口大骂，不一会儿两人就抡开拳头打了起来，几个回合下来，林振雄被摔到一边，鼻子也被揍出了血。他吃了亏，狂怒地掏出手枪朝着李汉藩开了一枪，李汉藩急忙一闪没被打中，惊吓得直往外跑。林振雄还不甘心，追上来又是一枪。闻声赶来的几个学员从背后将林振雄扑倒在地，缴了他的枪，然后用绳子将他五花大绑捆了起来，押到学校军法处。周恩来听说此事，立即找来军校党代表、国民党左派领袖廖仲恺先生，在廖仲恺先生的支持下，当即将林振雄撤职查办。

这件事情虽然处理了，但青军会对"孙文会"顽固分子草菅人命、动武伤人的行为非常气愤。"孙文会"的人对林振雄受到的处分也很不满意，于是林振雄带着人跑到蒋介石那里去哭诉，蒋介石自然支持"孙文会"，乘机把青军会的几个负责人召去训斥了一通。曾中生和青军会的人听说后很不服气，一起跑到蒋介石的校长办公室门口请愿，要求面见蒋介石讨个公道。大家推选出曾中生等几个学生代表面见蒋介石，不料蒋介石不但不听他们的陈述和辩解，反而把他们又训了一顿，威胁利诱说："你们都是我的学生，只要好好听我的话，包管你们都会有办法！"

曾中生愤愤地说："蒋校长，正义就应该得到声扬，坏人应该得到惩罚。革命不能是非不分，反革命分子破坏团结，我们就要坚决斗争。"

蒋介石愠怒地瞪了他一眼，冷冷地说："我今天累了。有什么事以后再说！"就这样把他们打发了出去，从此，对曾中生这个不驯的学生记下了账。

经过斗争，曾中生的阶级觉悟和思想认识有了很大提高，更加积极主动地向中共党组织靠拢，努力完成党分配的各项工作。黄埔军校的中共党组织经过对曾中生的考察，于1925年年底吸收他为中国共产党党员。

从北伐到"讨蒋"

1926年6月，为培训即将开始的北伐战争随军政工人员，黄埔军校政治大队抽调150余人组成短期训练班，准备结业后分配到北伐军各部队开展政治工作。曾中生积极要求参加了这个培训班。他最初被派到国民革命军第1军何应钦部去工作，但何应钦在名单中看到曾中生的名字后，知道他是黄埔军校的左派积极分子，就以各种理由不让他去报到，党组织只好把他分到国民革命军第8军唐生智部。

唐生智原是湖南军阀，1926年投向国民政府后加入国民革命军，所部改编为国民革命军第

8军。7月1日，广州国民政府军事委员会发布北伐动员令，7月9日，国民革命军共8个军，10多万人，从广东分三路出师北伐。唐生智就任国民革命军第8军军长兼北伐军前敌总指挥，成为北伐军的先遣军。

唐生智了解到曾中生是个不可多得的人才，十分欢迎他的到来，并委任他为国民革命军第8军前敌总指挥部政治部组织科科长。曾中生到任后，利用有利的客观条件，积极组建政治机关和各级中共党组织，发展共产党员和共青团员，在部队和群众中开展广泛的革命宣传，大讲北伐的意义，号召士兵和广大人民群众为消灭北洋政府的反动统治、结束军阀割据的局面、实现国家统一之目的，尽一个中国人的责任。

北伐军入湘后，唐生智以前敌总指挥的名义，命令各部立即展开全线反攻。在北伐各路大军合力反击下，北伐军连战皆捷，敌湘军叶开鑫部和北洋军阀吴佩孚部大败，狼狈溃退。再加上第8军有一批共产党人的努力工作，使部队军心为之一振，军行所至都有共产党所领导的工会、农民协会、学生会组织群众支援和配合作战。

攻占长沙后，北伐军在长沙召开高级将领会议，会议决定趁势继续北进，进攻武汉。8月中旬，唐生智再任北伐军中路前敌总指挥，北伐军所到之处，得到中共党组织及工农群众的热情支持，使北伐军势如破竹。10月10日，北伐军占领武昌城，北洋军阀吴佩孚的主力基本被消灭。

北伐军占领了武汉，唐生智一时名声大噪。他深知这得力于中国共产党人的帮助和支持，对于曾中生在北伐以来的优秀表现，更是倍加赞赏。

这时，国民党中央党部和国民政府也从广州迁到了武汉。时任中共武汉区执委会委员和湖北区执委会委员的董必武，以国民党湖北省党部的名义，会同国民革命军总司令部政治部等部门，在唐生智的积极资助下，创办的《汉口民国日报》也于11月25日正式创刊，董必武任经理，中共中央临时常务委员会军委机要处主任秘书宛希俨任主编，曾中生担任该报主笔。他以笔代枪，与其他同志一道，大力宣传共产党的主张和北伐战争的伟大胜利，支持和推动唐生智继续北伐，报道工人运动、农民运动及各界革命活动的消息，同时揭露帝国主义、封建军阀和土豪劣绅的罪恶，批判国民党右派破坏统一战线、破坏革命的阴谋活动，指导湖北和周围地区的革命斗争。

此时的《汉口民国日报》，在中共中央宣传部的直接领导下，已成为大革命时期我党的重要宣传阵地。正当曾中生在武汉三镇极力传播革命思想，宣传北伐胜利之时，蒋介石推行军事独裁，密谋叛变革命的行径进一步暴露，黄埔军校毕业的进步学生们心急如焚，为了中国革命的前途，决定规劝"蒋校长"悬崖勒马，设法阻止他的非法行动。

1927年2月15日，武汉的黄埔同学组织集会，发表宣言，通过《驻鄂黄埔各期学生给蒋校长报告书》，公推曾中生、杨荫、陈绍平3人为代表去面见蒋介石，向他递交"报告书"，希望蒋介石"接受革命群众的要求，以表白革命态度于天下"。面对学生的劝告，蒋介石一边搪塞推诿，一边向他们信誓旦旦表示"决无不利革命之心"。而此时的共产国际对蒋介石还抱有幻想，共产党的主要领导人陈独秀还和汪精卫发表联合宣言，为蒋介石叛变辟谣，使中共党组织和广大革命群众对行将发生的突然事变，缺乏应有的准备。

1927年4月12日，蒋介石在上海公开叛变革命，发动了震惊中外的四一二反革命政变，到处捕杀共产党员和革命群众。曾中生听到这一痛心的消息，悲愤至极，对阴险恶毒的"蒋校长"痛恨不已，但又为革命者轻信蒋介石的谎言惨遭杀害痛哭流涕。曾中生迅速以武汉革命委员会委员的身份，领导起"讨蒋委员会"的工作。他擦干眼泪，夜以继日地到处奔波联络，动员广大人民群众和各界人士对蒋介石的军事独裁罪行和反革命罪行进行愤怒声讨，还和蒋先云、李之龙等同学一道，处决了蒋介石在武汉的狗腿子杨引之等人。杨引之被处决的消息传到蒋介石耳里，他恨恨连声，派人立即捉拿曾中生等"黄埔叛逆"。

1927年7月15日，在蒋介石的勾结下，汪精卫在武汉也公开叛变革命，疯狂地逮捕和屠杀共产党员和革命群众，封闭工会、农会，镇压工农运动，大革命宣告失败。在这种白色恐怖下，曾中生等人被迫转入地下坚持斗争，不久，又奉中共中央指示到上海开展工作。

　　1927 年 9 月，在中国革命暂时处于低潮的情况下，中国共产党为了总结经验教训，培养干部，积蓄革命力量，选派了一批人到莫斯科中山大学学习。曾中生就是其中之一。他来到莫斯科中山大学后，除认真完成所学科目外，还如饥似渴地学习和研究马克思列宁主义，研究俄国十月革命的经验和中国革命道路问题。由于他学习成绩突出和各方面优秀的表现，1928 年 6 月 18 日至 7 月 11 日，中国共产党第六次全国代表大会在莫斯科郊外召开期间，曾中生被选派参加了大会。

　　大会通过了《政治决议案》以及关于政治、苏维埃政权组织问题、土地问题、农民问题、职工运动、军事工作等决议案，并通过了经过修改的《中国共产党党章》，规定了推翻帝国主义的统治；没收外国资本的企业和银行；统一中国，承认民族自决权；等等。曾中生认真学习了大会决议案等文件，更加激发了他回国参加革命斗争的热情。会后，周恩来接见了在莫斯科学习的中国学生代表，向他们介绍了国内的革命斗争形势，曾中生听后，更加热血沸腾，主动向党组织提出要回国参加斗争，得到周恩来的赞同。

战斗在敌人"心脏"

1928 年冬，曾中生从莫斯科回国，被分配在上海中央军委工作，不久任中共中央军事部参谋科科长。曾中生在中国共产党的负责人周恩来和中共中央军委的直接领导下，在参与指导全国各根据地武装斗争的同时，对全国的斗争形势有了更全面深入的了解，尤其是有机会学习了毛泽东的《中国的红色政权为什么能够存在？》《井冈山的斗争》以及南昌起义、秋收起义等重要报告、文件，给了他深刻的教育和影响。毛泽东关于党的建设、武装斗争、根据地建设的理论和经验，极大地激励着曾中生在白区同敌人斗争的信心。

当时的上海处在一片白色恐怖之中，国民党特务和便衣警察遍布大街小巷，稍不注意就有被捉拿和逮捕的危险，有时也会被身边意志不坚定的党内分子出卖。曾中生大胆心细地同敌人进行着巧妙斗争。

1929年8月24日，中共中央政治局委员、中央农委书记兼江苏省委军委书记彭湃，中共中央政治局候补委员、中央军事部部长杨殷与中共中央军委委员兼江苏省委军委秘书颜昌颐，江苏省委军委干部邢士贞等人，在上海沪西区中央军委秘书白鑫家里开会，会议正在进行时，国民党上海巡捕房的巡捕突然包围了白鑫家的小楼，荷枪实弹的巡捕冲入会场，将正在开会的彭湃等人围了起来，然后全部逮捕。

彭湃被捕后，中央特科情报科通过内线很快查明，出卖彭湃等人的叛徒竟然是担任中央军委秘书的白鑫。周恩来立即指示特科的陈赓和军委参谋科的曾中生设法组织营救被捕人员。但由于敌人防守严密，下手太快，营救工作没有成功。8月30日，彭湃、杨殷、颜昌颐、邢士贞4人惨遭敌人杀害。这件事让曾中生十分震惊，更是心痛不已。他觉得自己没尽到责任，对隐藏在身边的敌人失之防范，对国民党反动派的斗争不力，使党内遭受重大损失。

不仅上海如此，作为国民党蒋介石反动集团统治中心的南京，更是笼罩在这种白色恐怖之下，国民党军警特务日夜在大街小巷巡逻，到处镇压革命运动。他们封闭工会，制造事端，逮捕和镇压共产党员及学生运动。为了加强中国共产党在白区的工作，扩大党在人民群众中的影响，广泛团结革命力量，上海地下党组织决定加强在南京的领导力量。

1930年4月的一天，周恩来把曾中生叫到办公室说："中生同志，中央经过讨论，决定派你到南京去工作。你把工作交待一下尽快出发。"根据周恩来的介绍，南京党内有些人，热衷于在三八、五一和十月革命纪念日等节日，强令基层组织带领工人、学生搞示威游行，结果暴露目标，被敌人毫不费力地逮捕了很多人，基层党员和拥护党的群众都遭到很大损失。周恩来愤愤地说道："他们还沾沾自喜地说什么'掀起革命的高潮'，这纯粹是'玩弄示威'嘛！我们的本钱还不雄厚，经不起这

么折腾。你到南京后，要使一些同志改变作风，做切切实实的工作。"

曾中生点了点头。他深切地感受到周恩来的忧虑和对他的殷切期望，同时感到肩上的责任重大。周恩来再三嘱咐："在敌人心脏战斗，要千百倍地提高警惕。"

曾中生简单地交代了一下工作，第二天，便秘密来到南京。他找到中共江苏省委和南京市委的领导后，传达了周恩来的指示，并着手整顿党组织，还制定了在敌人心脏地区进行斗争的策略和方法，停止了在敌人戒备森严下搞示威游行的做法，切实细致做群众工作，积聚革命力量。在他的领导下，中共南京市委工作没有了华而不实的轰轰烈烈，群众基础扎实了，损失减少了许多。不久，曾中生秘密控制了敌人的一个学兵营。

可是没过多久，周恩来去苏联汇报工作，中央临时负责人李立三等人就提出一个在全国实行总起义的冒险主义计划，并要中共南京市委组织力量制造"革命的新高潮"，发动武装起义夺取南京，还任命曾中生为起义总指挥。

曾中生对中共中央和江苏省委的代表极力陈述了这一计划的不现实性和危险性，他非常中肯地说："经过我的了解，南京党员不多，组织也不够健全，兵运工作并不得力，暴动的条件尚不成熟，靠刚积累起来的这点力量，在反动势力统治的中心，想掀起什么'高潮'是不现实的，而靠一个学兵营夺取南京，就是毫无军事常识的人也能看出是不可能的嘛。"

然而，中共中央代表为自己的梦想所陶醉，根本听不进这样的逆耳忠言，说什么辛亥革命也只是一个工兵营先发动起来的。曾中生只有苦笑，为了减少这个盲动计划的危害，他提出，是不是起义以后迅速把队伍拉上山打游击？中央代表又给他戴上个帽子，说是"流寇主义"，是"在革命高潮前不敢去夺取胜利"、得了"小资产阶级的恐惧症"。

曾中生在这种高压下无言以对，只好表示，坚决贯彻中央指示，即使牺牲个人也要努力夺取全局的胜利。

执行的结果是很悲惨的。从6—10月，南京市委机关两次被搜查，全市100多名党员被捕，一些党员是在准备"掀起革命高潮"、强迫工人和学生冒险搞"飞行集会"时被敌人从大街上逮捕。一段时间里，每天都有囚车载着被捕的党团员开往雨花台刑场。此外，在宪兵连、军官团、学兵营等国民党部队里发展的党员，也因频繁活动、准备发动"兵变"而暴露，被敌人捕去秘密杀害了不少，起义也流产了。曾中生眼看着好不容易刚刚恢复起来的党组织横遭摧残，坚贞的同志一个个被敌人杀害，心如刀割，敌人也四处出动搜捕曾中生。

为了恢复党的组织，挽救革命危机，1930年9月，江苏省委决定由曾中生任中共南京市委书记，由他继续领导南京的党员和革命群众坚持秘密斗争。

9月24日至28日，在上海召开的党的六届三中全会上，批评了以李立三为代表的"左"倾错误，结束了李立三"左"倾冒险主义错误对全党的统治。为恢复因立三路线而遭到破坏的基层组织，曾中生不怨天尤人，四处奔走，在他的不懈努力下，党在白区的斗争日渐深入，极大地推动了革命形势的发展。

南京智脱险

　　1930年5月，为配合曾中生在南京的工作，中共中央军委派正在上海做地下工作的黄杰去协助。

　　黄杰出生于湖北省江陵县郝穴镇一书香门第，少女时代为逃婚而离家出走。1927年，考入中央军事政治学校武汉分校（又称黄埔军校武汉分校）女生队学习，是黄埔军校第一批女学员。1927年大革命失败后，为保存革命力量，黄埔军校女生队被迫疏散，黄杰留在湖北省委工作，不久加入中国共产主义青年团。1928年年初，转为中共党员，并被派到松滋担任第一任中共县委书记。

　　1928年6月18日，黄杰领导了松滋九岭岗起义，成立松滋县苏维埃政权，组织自卫队，打倒土豪劣绅，后在敌人的围攻下，因孤立无援、寡不敌众，起义最终失败。1929年4月，黄杰被安排到上海做地下工作，是一位出色的地下工作者。

黄杰来到南京，对曾中生的工作有很大的帮助。不仅因为他们是黄埔军校的同学，而且黄杰有多年的地下工作经验，很快成为曾中生的得力助手。一天，曾中生和黄杰与人相约来到玄武湖公园的一个凉亭接头。他俩刚进公园，迎面走来几个国民党的军官。曾中生一眼就看出他们是黄埔四期的同学，而且其中有"孙文会"的老对头。对方也认出了曾中生，其中一个跟旁边的人耳语几句后，立马故作亲热地叫喊起来："这不是曾中生吗？"

曾中生眼看躲不过去了，索性也装作深感突然的样子，转过头高兴地喊道："原来是几位老同学呀，幸会！幸会！"

几个人围了过来，也说了些"幸会"之类的话。那个叫喊的同学突然把目光转向曾中生身边的黄杰，见她身穿旗袍，显得那样的高贵文雅，连忙问道："这位，就是曾夫人吧？也不给我们介绍介绍。"

曾中生连忙打岔道："本来一起去拜访个朋友，路过这里，想不到碰到你们了。"

"既然碰到了，就一起喝会儿茶，叙叙旧。"
于是，他们就簇拥着曾中生来到旁边的一个茶座。

　　大家坐下后，曾中生对他们的飞黄腾达故作
羡慕，谎称自己毕业后受人排挤，没事做，现在只
好倒腾点小买卖。几个军官虽不知道眼前这位就是
他们要抓的中共南京市委书记，却知道"校长"对
这位同学还是很感兴趣的，心想，且先稳住他，再
派人把他拿下。

　　他们听了曾中生的诉说后，故作惋惜状，说
道："你有如此大才，可惜不得伸展，当报'校长'
提拔。"

　　曾中生一面紧张应付，一面思考着脱身之计。
他故意抬腕看看表，对那几个同学说："各位仁兄，
兄弟抱歉，约了一个生意上的朋友，不敢失信。我
们稍去打个招呼即回，劳各位等候片刻。"

　　几个国民党军官不知是曾中生的金蝉脱壳之
计，曾中生走后，还在那儿傻等了半天。直到他们
派人叫来的宪兵赶到，才知中计。都为放跑了这个
"大鱼"扼腕长叹。

　　曾中生和黄杰赶到凉亭，接头的人已经到了。

曾中生向他们使个眼色，就拉着黄杰跳上一艘湖里的游船，让船工往芦苇丛里划。游船划到芦苇丛深处的樱洲，曾中生给了船工一块钱，就让黄杰脱掉外衣坐船回去，而他自己跳下船，向樱洲上的凉亭走去。黄杰把外面的旗袍脱掉往芦苇里一塞，从包里拿出一件单衫穿上，就让船工往回划。

黄杰回到岸边，发现岸上多了很多人，亭子里也有很多人，说是要封船，抓一男一女，女的穿花旗袍。黄杰趁人不注意，赶紧溜出公园，叫了一辆黄包车回了家。

由于敌人已发现了曾中生，还在试图追捕他，党组织考虑南京的黄埔军官太多，他容易暴露，决定将他调离。不久，曾中生即被调往上海中共中央工作，任中共中央军事委员会委员、武装工农部部长。由于曾中生与黄杰在工作的接触中，已建立了深厚的感情，确定了恋爱关系，组织上也把黄杰调到上海中央军委机关担任秘密交通员。

曾中生和黄杰调上海不久，就结为了夫妻。结婚那天，刘伯承、欧阳钦、吴德峰、贺昌等参加了他们的婚礼。他们婚后不久，曾中生就以中共中央特派员的名义被派往鄂豫皖苏区工作。

曾中生和黄杰虽然依依不舍，但知晓参加革命就要个人利益服从革命利益，生死离别是常有的事，他们互相约定，几个月后在鄂豫皖苏区相聚。没想到，他们这一别竟是最后的永别。

曾中生秘密前往鄂豫皖苏区后，黄杰也调到江苏省妇委工作，之后先后任中共上海市闸北区委、沪东区委女工部部长。

1933年5月1日，黄杰和在国民御侮自救会工作的中共党员陈一福一起，带领工人队伍参加五一大游行。游行还没开始，国民党巡捕就得到消息，他们来到游行群众集合地，挥舞警棍见人就打，许多人被打得头破血流。黄杰和陈一福见状，不顾一切地冲上前与巡捕抗争，保护着群众，最后，两人不幸被巡捕抓捕。在接受审讯时，黄杰说自己叫赵映华，又指着陈一福说，她是我表妹，叫张俊华，我们俩就住在国民御侮自救会沪东分会主席的楼上。

敌人审了半天，也没审出什么问题来，更找不到她们是共产党员的证据。巡捕最终以所谓的

"违反民国紧急治安法"定罪，判刑 5 年，但念其为"年幼无知的妇女"，减半执行。

在监牢里，她们利用一切机会同监狱当局作斗争，无时无刻不在想念组织，怀念共同战斗的战友们。她俩被关了 2 年零 7 个月后，于 1935 年年底才被释放。出狱后，黄杰辗转香港找到党组织，继续投身革命斗争。

鄂豫皖战斗的艰难岁月

灵活应对破"围剿"

　　鄂豫皖苏区，以大别山为中心，东临津浦路，西扼平汉路，北望陇海路，南瞰武汉和南京国民党统治的中心地带。这里崇山峻岭，层峦叠嶂，地势险要，战略位置十分重要。中国共产党在这里先后组织了黄安、麻城起义，商城南部起义，六安、霍山起义。1930年，又组建了红1军和红15军，建立了鄂豫皖革命根据地，造成"南断长江，西控平汉，威逼武汉，震惊南京"的局面。

　　1930年9月18日，中国北方发生了一件影响深远的大事件，中原大战以来一直"保持中立"的奉军少帅张学良，突然通电拥蒋，同时，率10余万奉军分三路入关，从背后直捣冯玉祥、阎锡山阵线，中原战场局势急转直下。冯、阎两人受此致命一击，知大势已去，于1月4日通电下野，冯玉祥隐居山西，阎锡山避居大连。随后，蒋介石以国民党中央的名义收编了冯、阎的军队。中原大战以这种方式突然结束。

一年来，无暇顾及的蒋介石终于回过头来，把目光投向在中原大战期间南方各省十分活跃的红军。蒋介石决定动用9个师1个旅，进攻江西中央苏区；用8个师又3个旅，进攻鄂豫皖苏区。

12月，吉鸿昌第30师、张印湘第31师、岳维峻第34师、徐源泉第48师、肖之楚第44师、戴民权第25师、夏斗寅第13师及新编警备第1旅，齐集鄂豫边苏区；范熙绩第46师和警备第2旅、潘善斋新编第5旅，杀向皖西苏区。这8个师又3个旅近10万兵力，在蒋介石的亲自指挥下，采取"圆篮式"包围战术，准备对鄂豫皖根据地进行大规模的"围剿"。

此时的鄂豫皖苏区，正在按照李立三制订的"组织以武当为中心的全国中心城市武装起义和集中全国红军进攻中心城市的计划"，派红 1 军出击平汉路，由河南罗山南下，准备进攻新集，然后打到鄂东与红 15 军会合，威逼武汉。红 1 军由于进攻黄陂的姚家集和黄安失利，正在向麻城方向转移。

面对国民党大军的紧紧逼近，正愁无兵可守、不知所措的鄂豫皖边特委书记郭述申，焦急万分地等待着中央派人来领导和指挥。

11 月 28 日，曾中生在地下交通员的引导下，风尘仆仆地来到位于湖北孝感小河溪樊家村的中共鄂豫皖苏区特委秘书处，与鄂豫皖边特委书记郭述申会面。曾中生刚一进院子，郭述申就迎了出来，高兴地喊道："中生同志，是你来了啊！"他眼中立刻涌出了惊喜的泪花。

曾中生快速上前几步，握着郭述申的手："述申同志，你们辛苦了！"

"中生同志，我这里正急得要死呢！中央派你来，真是太好了！"

曾中生迫不及待地说道："咱们坐下谈，快把情况给我说说！"

他们两人坐在院子里的大树下，郭述申向曾中生详细汇报了鄂豫皖苏区面对的危机局势。

曾中生边听边问："鄂豫皖苏区除了红1军、红15军，还有多少地方武装？"

"各县赤卫队、游击队、红色补充军加起来有2万多人。只是武器太落后，钢枪不多，大多是土枪、大刀、长矛！"

曾中生了解到这些情况后，说道："在当下，巩固苏区，冲破敌人的'包剿'是我们第一位任务，这个问题不解决，一切工作都要受到极大的影响。"于是决定立即派人去追赶红1军。

此时的红1军已离开了数百里，但作为当务之急，曾中生紧急安排7人分头离开才放心。同时通知各部负责人，到特委和苏维埃所在地黄安七里坪召开扩大会议，传达党的六届三中全会的指示，纠正李立三的"左"倾冒险主义错误，部署击退敌人"包剿"的任务。

曾中生和郭述申等人正在赶往七里坪的途中，

忽然得到情报，国民党各路"围剿"军已开始向鄂豫皖革命根据地大举进攻。此时，根据地只有6个教导队和6县特务队等地方武装，加上各县、区半脱产的红色赤卫队，总共2万余人、300多支枪。刚刚远道而来的红15军，也只有千余人，每人只有3发子弹。

红1军主力还在数百里外的皖西和商南地区，远水解不了近渴。形势突变，原定的扩大会议已无法举行。曾中生决定，改为鄂豫皖特委和临近各县县委负责人紧急会议，讨论和解决最迫切的鄂豫皖边区组织领导和反"围剿"斗争问题。

会议上，曾中生传达了党的六届三中全会精神，决定取消"左"倾错误路线指导下合并党团组织而成立的"行动委员会"，建立中共鄂豫皖临时特委和临时革命军事委员会，由曾中生担任临时特委书记兼军委主席，统一领导反"围剿"斗争。

面对不可一世的敌人，曾中生和临时特委对当前敌情进行了分析，认为进犯之敌并不是蒋介石的主力部队，可采取避实就虚，集中兵力，乘敌不备，各个击破的方针进行打击。会议制定了"围点打援""袭扰牵制""诱敌出阵以消灭"等反"围剿"的策略和战术方针。一方面以地方武装结合广大群众开展广泛的游击战，牵制、打击、抄击、夜袭敌人，迫使敌人不敢冒进与分散"清剿"；另一方面集中红军主力，突击敌人的弱点，以扭转当前战局。

会后，曾中生再次派人前往红1军，传达中央的指示和临时特委的决定，纠正红1军南下威逼武汉的行动。又令在黄梅、广济地区活动的红15军就地开展整顿，待机突破敌人包围圈，开往麻城北部福田河，与红1军会合。由于采取了一系列正确的措施，有力地迟滞了敌人的"围剿"行动。

正在这时，国民党安徽省主席陈调元、鄂豫皖三省边区"剿匪"督办李鸣钟，调集进占六安、霍山等皖西一带的国民党部队，分三路围攻红1军。曾中生立即指示第1军军长许继慎、副军长徐向前，集中红1军主力先歼其中路之敌，然后在运动中击溃南、北两路敌人。在军长许继慎的指挥下，红1军经过激战，有效地击破了各路敌人的合围计划，使敌军遭到沉重打击。紧接着，红1军又在皖西攻克了金家寨，歼灭国民党军1000余人，缴步枪1000余支、短枪300余支、迫击炮2门。攻占金家寨后，红1军一部又在麻埠东西香火岭地区，歼灭国民党军3个团，击溃3个团。俘虏团长以下3000余人，取得了连续作战的重大胜利。

就在皖西军民奋力反"围剿"的同时，1930年12月上旬，国民党军又向鄂豫边中心的黄安等地发动进攻。这时的红1军还在皖西未回，曾中生当机立断，决定以广泛的游击战来对付兵力占绝对优势的敌人。在曾中生的指挥下，将鄂豫边的6个特务队和6个教导队以及广大的红色赤卫队等地方武装组成三路，协同作战，统一指挥，一致对敌。并与红15军相配合，广泛发动群众，开展游击战争。

曾中生一方面指挥三路所部，对入侵鄂豫边中心区的国民党军进行袭扰和围困，组织割电线、截辎重、破坏运输线，袭击交通队和民团，伏击小股活动的敌人。由于三路所部都具有较高的机动和独立作战能力，搞得敌人提心吊胆，无力应付，所以"清剿"进展异常缓慢。另一方面，曾中生命令还在黄梅、广济地区的红 15 军突击敌人弱点，相机消灭敌人。由于红 15 军采取了声东击西的打法，搞得国民党军摸不清红军主力的虚实，不敢冒进，只好退守各城镇据点，转入守势。

巩固根据地拔"毒钉"

1931 年 1 月上旬，红 1 军西返福田河与红 15 军会师。根据中央的指示，红 1 军与红 15 军合编为红 4 军，旷继勋为军长，余笃三任政治委员，徐向前任参谋长，曹大骏任政治部主任。全军 12500 多人，下辖第 10 师、第 11 师两个师。蔡申熙任第 10 师师长，陈奇任政委；许继慎任第 11 师师长，庞永俊任政委。每师各辖 3 个团。活动在皖西的原红 1 军第 3 师 7 团改编为军直属独立团，肖方任团长。

经过第一次反"围剿"的斗争，盘踞在鄂豫皖苏区周围的敌人虽已转入了守势，但在鄂豫边和皖西苏区之间，敌人仍占有黄安、麻城等大大小小的城镇，将统一的鄂豫皖革命根据地分隔成互不相连的两块，严重地影响着苏区的活动。曾中生决定趁敌人第二次"围剿"尚未开始之机，发起主动进攻作战。集中红军主力，寻找根据地周围敌人的弱点，调动歼灭敌人，扩大根据地，并以一部分红军结合地方武装，扫清根据地内敌人的孤立据点，把根据地连接起来。他把这一行动称为"拔钉子"。曾中生把这一任务交给了刚刚成立的红4军。

旷继勋接受任务后，立即召开会议进行研究部署，最后决定把第一个目标确定在麻城北部地区的磨角楼，这里虽是国民党军夏斗寅第13师的一个营在把守，但对苏区的影响非常之大。敲掉它，进行一次"围点打援"的作战。

作战部署是：旷继勋军长率红11师两个团先将守磨角楼之敌团团围住，于拂晓前发起进攻。徐向前参谋长率红10师3个团和红11师第31团，前往磨角楼与麻城之间的骑龙铺一线，占据险要山头，向麻城方向警戒，准备待机打援并攻取麻城。

磨角楼守敌为防止我军突袭，在这里大兴土木，建成了里三层外三层的防御工事。天刚拂晓，第11师的两个团突袭不成，被迫转入强攻。

守敌陷于我军四面包围之中，无法出逃，只能拼死作困兽斗。敌营长令人将数挺机枪架在寨墙上，向奋勇冲锋的红军官兵疯狂扫射。红军战士一次次冲上去，又一次次被打回来。激烈的战斗一直进行了两天，磨角楼仍然没被攻克。旷继勋从徐向前参谋长那里调来两个团加入磨角楼之战。

磨角楼内外硝烟弥漫、杀声震天。眼看就要被攻克，敌营长急忙向驻守麻城的国民党第13师副师长朱怀冰求救，朱怀冰急率4个团出麻城北援。徐向前参谋长和第10师师长蔡申熙带领打"援"的仅有的两个团兵力，在骑龙铺一线据险而守，顽强阻击朱怀冰援军。红10师与增援之敌激战一日，将其全部击溃，毙、伤、俘敌500余人。磨角楼也被攻克，全歼守敌。

磨角楼之战，尽管我军伤亡不小，却拔掉了插在鄂豫边苏区与皖西苏区之间的这颗"钉子"，打通了鄂东北苏区与商南苏区之间的联系。

红4军拔掉了磨角楼这颗"钉子"之后，根据地内还有一颗更大的"毒钉"，它就是河南光山县的新集镇。自鄂豫边区发动土地革命之后，附近各县的地主豪绅纷纷逃到新集，与城里许多反动武装勾结，经常外出抢掠、捕杀群众。广大人民群众对新集敌人恨之入骨，早就渴望红军解放新集。

新集虽小，但有全都用条石垒成的寨墙，十分坚固，就是迫击炮弹打上去，也只能留下一道白印。城外有几米深的护城河，易守难攻。城中驻守的虽不是国民党正规军，但聚焦着许多与共产党有"不共戴天之仇"的"土顽"。他们知道自己作恶太多，红军饶不了他们，因此拼死顽抗。以前红军曾攻打过两次都未能攻破，所以，敌酋陈礼门、关少甫声称："新集城防，固若金汤，'赤匪'再来，也就是送死罢了！"

曾中生和红4军的领导人研究决定，尽快拔掉这颗大"毒钉"，收回后，将它作为鄂豫皖苏区政府所在地。

1931年1月下旬的一天夜晚，红4军冒着大雪，全军移师新集。旷继勋命令蔡申熙率第 10 师前往新集，先将它团团围住，又令许继慎率第 11 师部署于新集以北的泼皮河，准备伏击由光山出援的敌人。

红军的动向引起了敌人的警觉，陈礼门、关少甫下令把城外 500 米范围内的民房全部烧毁，不给红军留下作攻城的掩蔽物。又将镇内所有青壮年男子一律编入守城队伍，安排在城墙上的固定位置，日夜站岗放哨，如发现有谁擅自离岗，立即杀其全家。

2 月 2 日（农历腊月十五）清晨，新集攻坚战打响。第 10 师 30 团担任主攻，团长王树声、政委戴克敏决定采取爬城硬攻的办法，但是，一连几天多次进攻都未能奏效，部队还付出了不小的代价。

师长蔡申熙急躁起来，便对徐向前说："参谋长，不能这么打了！这样死打硬拼，伤亡太大啦！"

徐向前果断地说："王树声，停止进攻！"他匆匆赶回军指挥所，见曾中生和旷继勋都在这里，便建议道："部队几天进攻都无效果，这么打下去，把部队拼光，也不一定能破城！"

曾中生听完后，就同军领导一起来到前沿阵地查看，发现寨墙的确坚固，凭部队的那些轻武器是很难攻下的，就对指挥攻城的第30团团长王树声说："天上不行，地上不行，那我们就走地下，怎么样？"

大家都以为是开玩笑，王树声却听明白了，高兴地喊起来："对，走地下，挖坑道！"

徐向前说："这个办法好！从地下挖一条坑道，一直挖到城墙底下，放上几百斤炸药，把城墙炸开！"

在场的其他领导都赞成。最后，研究决定从新集城外寨墙北角五六十米外一个小山沟里开挖一条地下坑道，直通北墙角的底下。

第30团的坑道作业开始了，王树声令第1营展开佯攻，麻痹敌人，掩护我军行动，第2营、第3营昼夜突击，开挖坑道。

第二天，长达100多米的坑道完成，一口塞满300斤黑色炸药和碎铁块的巨大杉木棺材，旋即被推进坑道，一直推到城墙根底下。棺材外面又用大铁钉牢牢钉死。

坑道爆破准备工作就绪。王树声请示："军长，可以开始吗？"

旷继勋大声说道："开始！"

一根长长的土造导火索被点燃，不一会儿，只听"轰"的一声巨响，一道黑色烟火在新集北门口冲天而起，城墙被炸开一道丈把宽的豁口。

"同志们，冲啊！"随着爆炸烟团升起，王树声率第30团冲了上去。这时，架在北门外、破城时起不了多大作用的几门迫击炮，也将为数不多的炮弹一发一发地射进城里。

敌酋陈礼门、关少甫听说北门被破，急令豁口两侧守敌向冲进城里的红军发起反攻。敌人自知是在作最后的生死战，表现得相当疯狂。一时间，北门豁口内外，敌我双方大刀挥舞，寒光闪闪，血肉横飞，喊杀声地动山摇。

第10师师长蔡申熙见敌人已陷入混乱，立即命令第28团、第29团从城南、城西发起强攻，冒着滚木礌石，奋勇攀上城墙，冲进城内。

经过3个多小时的激战，除敌酋陈礼门带少

数亲信从东门逃走，城内敌人全部被肃清。

这是鄂豫皖苏区红军首次采取坑道爆破作业取得的重大胜利。部队利用缴获的大批物资，高高兴兴地过了个新年。

新集的解放，标志着鄂豫边苏区内最大的一颗"钉子"被拔掉，光山、商城、皖西之间的通道被打通，鄂豫皖苏区与大别山北部连成了一片。从此，新集成为鄂豫皖特区苏维埃政府的所在地，成为根据地的政治中心。

1931年2月初，鄂豫皖临时特委在湖北黄安召开扩大会议，曾中生主持会议，正式成立鄂豫皖特委和鄂豫皖军事委员会，曾中生任特委书记兼军事委员会主席，蔡申熙、郑行瑞任军事委员会副主席。曾中生在大会的报告中，总结了反"围剿"斗争和根据地党政建设的经验，制定出了今后的斗争方针，进一步清算了李立三"左"倾盲动主义的错误，提出巩固阵地与加强红军建设为党的第一任务，在粉碎敌人"围剿"之后，应有向敌人进攻的阵地，在巩固阵地的基础上发展革命根据地的主张。

特委扩大会议还对根据地所面临的重大问题进行了热烈的讨论，规定了分配土地、发展生产、商业贸易、财政收支、粮食管理等一整套建设根据地的方针和政策。解散了不符合实际的苏式"集体农庄"，按人口和劳动力标准重新分配土地，取消侵犯中农利益和破坏中小工商业的过"左"政策，统一根据地内财政管理，扭转了李立三"左"倾盲动主义所造成的混乱状态。

休会期间，曾中生特意来到黄埔校友和同学徐向前、许继慎、蔡申熙等人中间，风趣地说："蒋校长把卧榻安在了南京，他不会想到他的几个学生却在他的卧榻旁折腾起来了！"大家听后哈哈大笑。徐向前、许继慎、蔡申熙虽是黄埔一期生，却对曾中生这个黄埔四期生的领导和指挥能力，是绝对的服从和佩服。

针对鄂豫皖苏区干部严重缺乏，因战斗过于频繁，干部缺少正规训练的现状，曾中生认识到要对付敌人新的更大的"围剿"是不行的。为了尽快培训一批群众武装干部和红军干部，曾中生决定创办4个教导队，成立中国工农红军军事政治学校第四分校，曾中生兼任分校校长，郑行瑞任副校长，刘杞任政治委员，李昂茨任教育长。分校设4个连：两个学兵连、一个特种技术连（机炮连）、一个政治连。红4军每连选送4人来学习。各工会、农会、青年团与党支部都按一定比例选送。每期培训8个星期。

第四分校第一期开学那天，曾中生给学员们作了关于学校的性质和办学任务的报告，鼓励大家刻苦学习，为适应战争的需要，快速提高军事指挥和政治工作的能力。

"飘忽战略" 显神威

红4军攻克新集镇之后，又相继拔除了20多个反动据点，鄂豫皖苏区内敌人的据点基本被肃清。此时，蒋介石正集中重兵准备对江西中央苏区进行第二次"围剿"，平汉路南段兵力一时出现空虚。中共中央紧急指示曾中生，率红4军西出平汉路，打击敌人，支援中央苏区的反"围剿"斗争。

曾中生立即召开师以上干部会议，讨论研究下一步行动计划，决定趁敌人防守不备，向敌统治的京汉铁路发动新的攻势。1931年2月下旬，曾中生和旷继勋率红4军突然大踏步西进，从新集以北的泼皮河出发，穿越河南光山县南部的山山寨寨，于3月1日拂晓悄悄进入豫南雄关武胜关东侧的三里城。曾中生一面派人出去侦察，一面让部队做好出击准备。

不一会儿，一个铁路工人冒着大雪，在地下党负责人的带领下送来情报，说下午有一趟兵车从信阳开过来，要经过李家集车站。

军长旷继勋得到情报后，觉得很重要，他立马向曾中生作了汇报。曾中生让他把政委余笃三和参谋长徐向前找来一同商量。曾中生说："打李家集车站本不在我们的作战计划之内，但有了这个机会，哪能不打呢！"

红4军领导一致认为，这是一次好机会，也是支援中央红军反"围剿"的具体行动，坚决阻止国民党军南调计划。

意见统一后，军长旷继勋决定把这次袭击任务交给第11师副师长兼第33团团长周维炯来完成。他对周维炯说："李家集车站有一趟国民党的兵车经过，你立即率领33团占领李家集车站，尽量不要打枪，占领车站后严格控制车站人员，只能进、不能出。等兵车来了，将它搞掉。"

一听说有这样的任务，周维炯高兴地说："保证完成任务，不让一个敌人跑掉！"

第33团由铁路工人带领，冒着大雪向李家集车站跑步前进。李家集是个小车站，位于武胜关以南，没有敌人防守。在大雪的掩护下，周维炯带领第33团没费多少气力就占领了车站。

车站调度室里，周维炯正等待信阳车站的发车通知。直到下午3时，信阳车站调度室才打来电话，说兵车已发出，晚上7时到达李家集，要求做好接车准备。

周维炯命令全团在车站内埋伏停当，做好战斗准备。晚上7时左右，一条黑色长蛇似的兵车拉着汽笛，喘着粗气，慢慢驶进李家集车站。

"打！"周维炯发出命令。

埋伏在铁轨两侧的红军官兵一齐开火，机枪、步枪子弹密集地向各车厢飞去。兵车司机不知出了什么事，急忙刹车减速停了下来。

"同志们，冲啊！"周维炯大喊。第33团指战员冲锋陷阵，分别冲上铁轨将兵车一节一节包围，敲开车门，登上车厢。

"不许动，举起手来！我们是红军，缴枪不杀！"

中间车厢里，一个身佩少将军衔的敌军官刚要反抗，就被眼疾手快的红军战士一枪击毙。

"你们被包围了，快下车投降！红军保证你们的生命安全！"

另一个敌军官见此，只好带着士兵排成队，从车厢里走下来，将轻重武器摆放在站台上。

周维炯把一名中校军官叫到面前问道："你们是哪一部分？"

"报告长官，我们是新编12师的！"

"谁是你们最高长官？"

"最高长官是旅长侯镇华，刚才被你们打

死了。"

原来，这是两个团建制的旅，正向江西中央苏区开拔，没想到半途就做了俘虏。

周维炯听后，灵机一动，计上心来，他在车站以旅长侯镇华的名义打电话给武汉国民党绥靖公署说："我们路遇红军，请火速派兵增援。"

第二天下午，果然有敌兵来"增援"，一个手枪营的兵力分乘几节车厢往李家集车站赶来，一进车站，就全部做了红军的俘虏。

西出平汉路第一仗，第33团就缴枪2000多支，还有几车皮的军用物资。周维炯派人向曾中生和军长旷继勋报告。曾中生派人动员地方党组织发动上千群众搬了几个小时才将全部物资搬完。

3月5日，红4军再次袭击柳林车站，将敌新编第12师的一个营消灭，两个团被击溃。两战两捷之后，红4军飘然东去。

红4军来无影去无踪，神出鬼没。今天打下一个车站，明天劫走一列火车的物资，忽东忽西、忽南忽北，搞得平汉路上的敌人神经紧张，不知道哪天红军又会打过来。曾中生把这种大进大退的战法称为"飘忽战略"，敌人却因摸不清红军虚实，极为恼火。

红军在平汉线上的胜利，使敌人十分惊慌。他们以为红军将截断平汉路进攻信阳。于是，郑州绥靖公署主任刘峙急忙令赵观涛的第6师迅速集结，固守信阳；武汉绥靖公署主任何成浚同时令李定五的新编第2旅固守广水，敌第38师向信阳推进，令岳维峻的第34师由孝感出动，沿平汉铁路东侧向北推进，进占双桥镇。

国民党军妄图以南北对进，侧后迂回，消灭红军于平汉路东侧。但由于北路国民党军徘徊于信阳与罗山之间，不敢贸然向南推进，使岳维峻第34师赶到双桥镇后，成了孤军。曾中生了解这一情况后，决定集中红4军主力消灭岳维峻第34师于双桥镇。他同旷继勋、徐向前等红4军领导研究后，决定采取突袭猛进、迂回包围、大胆插入的作战方法。在曾中生的直接指挥下，从3月9日拂晓开始，经过7个多小时的战斗，将国民党第34师全部歼灭，俘敌师长岳维峻以下官兵5000多人，缴获6000多支枪、4门山炮、10多门迫击炮和大量军用品物资。这是曾中生指挥鄂豫皖苏区广大军民反"围剿"所取得的一次空前胜利。

当晚，岳维峻被押到军部，与徐向前见面。

"岳师长，你还认识我吗？"

岳维峻抬起头，看了看眼前这位年轻的红军指挥员，摇了摇头。

"我是徐向前，1925年在你的国民军第2军第6混成旅当过团副。"

岳维峻睁大眼睛看了看，又摇摇头，长叹一声，说："既有旧谊，还请徐先生多多关照。只要给我留一条活命，什么事都可以商量。"

徐向前回到军部，向曾中生汇报后提议，可以利用这个老军阀求活的心理，让其家属和部下拿钱来"赎命"。

曾中生说："这个想法好，敌人对我实行经济封锁，根据地布匹、药品都很缺乏，干脆用岳维峻换些布匹和药品。"

旷继勋也赞同地说道："用他换回一些装备也是值得的。我军的武器弹药就是要靠敌人送嘛！"

为了表示红军的诚意，曾中生和旷继勋研究

决定，将岳维峻手下的副师长、参谋长全部释放，还开了一张"赎命"清单，让他们带给岳维峻的家属。果然，对方不敢食言。从1931年3—11月，先后给红军送来了3批枪支弹药、药品和足够做20万套军装的布匹，还有大量纸张、火柴等苏区十分匮乏的日用品。

当时，群众高兴地唱道："白匪来了，粮食柴草都抢光；红军来了，帮我收割送进仓。"

红4军取得双桥镇大捷之时，留守皖西的红4军独立团在团长肖方率领下，成功地发动了霍邱南部起义，将皖西苏区向北扩大到霍邱境内。不久，独立团和中央独立第2师、六安兵变部队合编，组建了红4军第12师，许继慎调任该师师长，庞永俊任政治委员，下辖第34团、第35团、第36团3个团，第11师师长由周维炯接任。

随着红军的发展，武器装备的改善，战斗规模的扩大，运动战已成为鄂豫皖苏区红军作战的主要形式。此时，红4军已经成为一个能进行大规模运动战、攻坚战、阵地战的红色军团。

避实击虚战强敌

　　岳维峻双桥镇兵败被俘的消息传到南京，蒋介石震怒不已，一天内数次发电给郑州绥靖公署主任刘峙和武汉绥靖公署主任何成浚，称他对第34师之败"殊堪痛心"，责令刘、何务必在5月"国大"召开之前，"剿灭"鄂豫皖红军。

　　刘峙、何成浚不敢怠慢，立即着手部署对鄂豫皖苏区第二次大"围剿"计划。除参与第一次"围剿"红军的各部外，又将葛云龙第33师、李韫珩第53师调入豫南，加入"围剿"大军，共投入兵力8个师2个旅，约13万人。

　　1931年4月8日，国民党鄂豫皖三省边区绥靖督办李鸣钟奉命将绥靖公署移至潢川，发誓要在5月5日之前将鄂豫皖红军全部剿灭。

　　面对国民党军的疯狂"围剿"，鄂豫皖特委书记曾中生再次领导和动员苏区军民奋起抗击。

4月10日，国民党第46师师长岳盛瑄率部渡过淠河，进犯皖西苏区，连续占领独山镇、诸佛庵、麻埠等地，金家寨告急。

面对敌人的四面围攻，曾中生主持召开特委会议，他冷静地分析说："敌人已在战略指导上犯了错误。前一时期我军频繁出击平汉路，敌人就把主要兵力放到了鄂豫边。皖西的岳盛瑄也以为我军主力在大别山以西，这才孤军急进。敌人的错误我们应当利用。我提议红4军留一支部队在鄂豫边钳制敌人，主力立即前往皖西，给岳盛瑄一个出其不意的打击！消灭皖西之敌后，再回过头来解鄂豫边之围！"

大家十分赞同曾中生的分析，最后决定由红4军参谋长徐向前带领第10师28团和30团留守鄂豫边，会同地方武装与"围剿"之敌周旋。旷继勋率军部和第11师及第10师29团东下皖西，与不久前成立的第12师会合，重点打击岳盛瑄。

4月20日，旷继勋和第11师师长周维炯率部从商南出发，23日到达金家寨，与第12师会合后，向独山之敌突然发起进攻，经过激烈战斗，我军取得歼敌 2000 余人的绝对胜利。

岳盛瑄得知独山遭红军攻击的消息，深恐独山失守断了驻麻埠部队的退路，急令驻麻埠的一个旅前去支援。当援兵被阻击后，他忽然明白，这可能不是皖西的地方红军，而是曾在双桥镇活捉岳维峻的红 4 军主力。他这一惊不小，麻埠也不回了，急令全师夺路东走，当夜全部渡过淠河直奔霍山。驻在诸佛庵的敌人听到岳盛瑄逃走的消息，也不敢久留，连夜逃之夭夭。皖西苏区再次为我所有。

退回霍山城的岳盛瑄为推卸责任，向刘峙、何成浚、李鸣钟连续发电，声称他在独山、麻埠遇上了"赤匪主力"，请求上司急调大军来皖西"聚歼"。刘峙、何成浚、李鸣钟不敢不信，令吉鸿昌第 30 师、张印湘第 31 师自潢川、新集东下皖西，与岳盛瑄第 46 师一道，对金家寨、麻埠的"赤匪主力"实施合围。为防止红 4 军返回鄂豫边苏区，又令驻光山的李韫珩第 53 师、麻城的夏斗寅第 13 师"南北齐出"，在大别山西侧组成一道南北走向的封锁线。

5 月上旬，李韫珩第 53 师自光山以南的泼皮河出动，企图占领新集，然后南下与夏斗寅部完成对皖西我军主力的封锁。

敌军兵力的调动情况很快为我所掌握，曾中生再次决定避实击虚。他令红4军主力放弃皖西之敌，回师鄂豫边苏区，打击孤军南下的李韫珩第53师。

5月9日，许继慎率第12师钳制敌人，旷继勋率主力4个团星夜西移，在新集以北的浒湾与曾中生、徐向前会合。同时参加在新集召开的鄂豫皖特委会议。曾中生看望部队时说："同志们很辛苦，可是还不能让同志们休息，李韫珩第53师已经从北面上来了！"

红4军官兵一身征尘没落，又开始了新的战斗。

此时，李韫珩第53师的4个团从泼皮河南下，已进至浒湾以北。徐向前带领第28团和第30团在浒湾地区构筑阵地，对敌人实施阻击。曾中生、旷继勋命令第10师、第11师各两个团，从两翼向敌53师发起大规模反击。战斗一打响，敌第53师兵败如山倒，4个团的人马相互践踏，没命地向北逃去。

浒湾一战，我军共毙伤俘敌近 1000 人、缴枪 1000 余支。李韫珩败退浥皮河，惊魂未定，下令各部加固工事，日夜警戒，无论刘峙、何成浚、李鸣钟怎么督促，再也不出来与红军为敌。

鄂豫边苏区北线的形势稳定了下来。

皖西方向，吉鸿昌第 30 师不愿与红军打仗；张印湘第 31 师、岳盛瑄第 46 师屡受红军打击，心有余悸，相互观望。许继慎率红 12 师忽南忽北、忽东忽西，四处出击，更加剧了敌人的畏惧。

皖西形势稳定后，曾中生和旷继勋等研究决定，趁势收拾一直威胁着鄂豫边苏区南部的敌人。

5 月 28 日，旷继勋和徐向前等带领红 4 军主力飘然抵达鄂豫边苏区南缘，绕过敌肖之楚第 44 师重兵驻守的黄安城，徐向前率 2 个团首先向城南 10 余里的桃花镇一个营的守敌发起攻击，旷继勋则率另外 2 个团在镇外待机。中午时分，黄安城内有 3 个营的敌军出城南下增援，进入旷继勋在十里铺地区布下的"口袋阵"后，旷继勋带领官兵一阵冲杀，将敌全部歼灭。随后，桃花镇也被我军攻克。黄安、麻城地区的守敌胆战心惊，只想固守，不敢来攻，南线之敌至此再次转入守势。

曾中生领导和指挥的鄂豫皖军民，在大别山地区，经过4个月的艰苦奋战，连续粉碎了敌人一次又一次"围剿"，打得敌人狼狈逃窜，龟缩在少数据点里不敢冒进。蒋介石对鄂豫皖苏区的第二次"围剿"又以失败告终。

这一胜利，鼓舞了军心民心，发展了大好形势，使鄂豫皖革命根据地得到了进一步巩固和扩大。这时，根据地内一片欢腾，到处掀起了劳军、参军的热潮。红军得到了迅速的发展，全军已有4个师、12个团，达2万人。部队装备齐全，党组织和政治工作有了加强，在团以上各级都建立和健全了党务委员会、青年团务委员会，党员数目每师发展到千人左右。广大军民士气高涨，开展了轰轰烈烈的土地改革和政权建设。

鄂豫皖革命根据地两次反"围剿"的胜利，是曾中生指挥根据地军民进行游击战争最生动的一页。在大兵压境的情况下，处变不惊，巧用战法，看准时机，诱敌深入。创造了一个又一个战机，歼灭了敌人大量的有生力量，我军不断得到发展和壮大。

鄂豫皖革命根据地不再"立了散，散了立"，而成了一个坚固的堡垒。曾中生、徐向前等蒋介石的"学生"，在"校长"的卧榻旁牢牢地占住了一块地方，使蒋介石多了一块心病。

面对张国焘的无端指责

正当鄂豫皖革命根据地和红 4 军进一步发展壮大之际，1931 年 1 月 7 日，党的六届四中全会在上海召开，王明"左"倾教条主义在中央占据了统治地位，并派张国焘、陈昌浩等人到鄂豫皖革命根据地来"改造"党组织和红军领导层，施行所谓"新路线"。

1931 年 4 月的一天，曾中生正在前线指挥反击国民党对鄂豫皖苏区的"围剿"，通讯员急忙跑来报告说，中共中央派来的代表已经到了黄安檀树岗以北的打虎山，要求曾中生赶到新集去迎接。

这时，张国焘由几个农民抬着一乘轿子，在独立团和地方武装的护送下，正沿着崎岖的山路向新集走去。曾中生接到通讯员的报告后，立即从前方星夜启程，马不停蹄地赶到新集，与张国焘会面。

曾中生知道张国焘是老资格的中共党员、知识分子，在党内很有名气，希望他能带来中央新的指示精神。曾中生见到这位中央代表后，心里特别高兴，兴冲冲地向他们介绍鄂豫皖革命根据地的大好形势、面临的艰巨斗争以及今后的计划。张国焘根本不听这些，他无视苏区军民英勇斗争和流血牺牲取得的成绩，却给了曾中生当头棒喝，指责鄂豫皖边区苏维埃政府没有健全的党组织，长期执行的是"非布尔什维克路线"，今后必须以党的六届四中全会为准则，进行彻底的"转变"和"改造"，要以"百分之百的布尔什维克分子"来"改造领导"。

曾中生被他这种无端的指责搞得目瞪口呆，完全没有心理准备。他听到自己辛辛苦苦带领干部

群众开创的大好局面，却成了"右倾保守""非布尔什维克路线"，他气得浑身发抖，当场跟张国焘争吵了起来。曾中生认为对鄂豫皖苏区工作的任何无端指责，不仅是针对自己个人，也是针对无数牺牲的烈士和辛勤工作的干部，绝不能无原则退让，不论这种指责是来自何方。

5月12日，鄂豫皖特委在新集召开会议，史称第一次"新集会议"。张国焘在会上宣布了王明"左"倾中央的决定：撤销中共鄂豫皖特委，成立鄂豫皖中央分局，直属中央政治局领导。中央分局委员由张国焘、陈昌浩、沈泽民、曾中生、王平章、蔡申熙、舒传贤、旷继勋等11名正式委员和15名候补委员组成，张国焘任书记；改组鄂豫皖革命军事委员会，张国焘、曾中生、旷继勋、徐向前、郑行瑞、沈泽民、陈昌浩7人为委员，张国焘任主席，曾中生、旷继勋任副主席；另设军委皖西分会，许继慎任主席；改组红4军，旷继勋继任军长，曾中生任政治委员，原政治委员余笃三改任第11师政治委员，军参谋长徐向前调任新组建的第13师师长，因战负伤致残的第

10 师师长蔡申熙任军委下属的彭杨军政干部学校校长。

中共鄂豫皖中央分局的成立，标志着王明"左"倾机会主义在鄂豫皖革命根据地的贯彻和张国焘对鄂豫皖革命根据地实行错误领导的开始。张国焘上任伊始，对苏区特委和红 4 军大加非难，全盘否定鄂豫皖革命根据地的工作，命令各级地方组织开始重新分配土地，执行各项"左"的政策。张国焘这一不顾事实的错误行为，遭到了曾中生等一大批同志的抵制。曾中生以大量事实否定张国焘强加给"鄂豫皖红军没有真正的党"的错误指责。原鄂豫皖特委委员徐朋人主张应当允许富农享有土地，并反对张国焘在春耕时节反复平分土地，影响生产的做法。鄂豫皖边区工农民主政府秘书兼文化委员会主席陈定侯反对在根据地内给工人过分提高工资，因为这样会影响工农联盟。此外，红 4 军政治部主任曹大骏等人都对张国焘的领导表示不满。于是，张国焘对这些同志先后以"对立三路线的调和主义""反对四中全会""反对分局领导""一贯右倾"等罪名，予以批判、斗争和撤职。

没过多久，红4军军长旷继勋也被张国焘以"土匪习气""游击主义""军事指挥错误""不宜当高级指挥官"为借口免去红4军军长职务，调任第13师师长，徐向前接替红4军军长。

6月28日，张国焘在新集召开的鄂豫皖中央分局第一次扩大会议上，阴一句、阳一句地说：曾中生来鄂豫皖，虽然有一点转变，但是整个路线上的转变依然看不见，反而掩盖了立三路线的实质；党内及红军中没有政治斗争，却盛行了一些无原则的私人意气斗争，采取了一种家长制度下的调和手段；由立三路线的实质所形成之政策依旧继续着，对红军干部并未与其错误行为斗争；对内实行向群众借粮借钱，实际上是欺骗热心革命的劳苦工农；不没收地主家财及征发富农，因此放松了阶级敌人。表面上看，似乎团结了整个干部，实际上党内、苏维埃及红军中隐藏着许多危机，使革命遭到国民党严重打击。他说：只有他领导的中央分局在执行四中全会的路线，的确在实际中开始了转变。他提出："我们主要的要反对右倾机会主义，要反对立三路线的残余，尤其要反对实际工作中的机会主义，要反对调和路线及党内和平倾向。"

对于张国焘的这些无端指责，曾中生用大量事实予以严正驳斥。张国焘恼羞成怒，他利用职权，发动了对曾中生整整两天的围攻。最后，给曾中生扣上"反对四中全会"等帽子，要他检查、交代。张国焘还给徐朋人加上"不可救药的右倾小组织分子"，开除了他的党籍；给陈定侯戴上了"破坏工农联盟"等大帽子。张国焘公然宣称：党委成员之间发生意见分歧，应以书记意见为准；知识分子干部犯了错误，应"罪加三分"。后来，这些都成了张国焘实现并加强其军阀主义、个人主义统治的"理论"依据。

南下进攻方针之争

1931年6月，鄂豫皖革命根据地第二次反"围剿"结束后，国民党军对鄂豫皖革命根据地暂时采取守势。在当时应采取什么样的军事行动等方针问题上，曾中生等红４军领导同志同张国焘展开了一场激烈的争论。

曾中生、徐向前等红４军领导人根据当时革命发展的形势，认为这时正是红４军主力主动出击，积极向外发展的良好时机。他们向分局建议：在敌人的第三次"围剿"尚未到来之前，红军应以一部分兵力发动群众结合地方武装肃清根据地内的反动势力，并以主力南下向外发展，收复蕲春、黄梅、广济地区，进而威逼长江，牵制敌人，配合中央革命根据地反"围剿"的斗争。

可是，张国焘却借口"巩固苏区""一寸土地也不让敌人蹂躏"，指责曾中生等人建议的这一行动"揭开了立三路线的面具，而来了个实际工作上的机会主义"，"将会招致敌人再来进攻根据地的危险"。于是，张国焘决定，让红军集中在根据地内剿匪。

６月底，在鄂豫皖中央分局第一次扩大会议上，曾中生、余笃三、旷继勋等红４军领导同志再次申明南下进攻方针的理由和正确性。经过激烈争论，由于多数同志支持南下出击这一正确意见，同时，为了援助中央革命根据地反"围剿"的迫切任务，张国焘才勉强同意红军主力南下向外发展的方针。

7月初，鄂豫皖军委在商城西南余家集召开军事会议，讨论兵力部署及南下进攻方向问题时，张国焘却由右倾保守一下子变为冒险主义，竟限红4军一个月内打下英山后，出潜山、太湖，威逼安庆，震动南京，进而提出直接配合中央苏区作战的行动计划。

曾中生等红4军领导人则认为，红军应有巩固的阵地才能向外发展，援助中央苏区的任务，主要的不在于攻击敌人的重要城市，而在于消灭敌人的有生力量，巩固扩大根据地，以牵制敌人兵力。但是，张国焘又一次拒绝了这一正确主张，仍按其个人意见作出了决定。

7月中旬，红4军接受任务后，曾中生、徐向前等领导同志，立即在部队中进行了南下发展根据地的动员，广大指战员士气顿时高涨，表示不计一切困难，坚决完成这一任务。在军长徐向前、政委曾中生同志的率领下，红4军主力挥戈南下，于

8月1日一举攻克英山县城，将国民党军陈调元部第1团全歼，缴获长短枪1000余支，机关枪18挺，迫击炮4门。

攻克英山后，部队在此休整两日，徐向前和曾中生对潜山、太湖、安庆地区和蕲春、黄梅、广济地区的情况作了详细研究分析，一致认为：军事委员会的指示是要我们打下英山后出安庆的，我们分析敌情与地势，特别是群众的革命基础，和配合中央苏区行动之敏捷，均不如转到出蕲春、黄梅、广济直捣武穴为好。曾中生继续说道："蕲春、黄梅、广济地区敌人兵力薄弱，红军乘虚而入争取主动，可以调动敌人加以歼灭，对配合中央苏区行动也易见效。而东出安庆，要通过近200公里的白区，沿途驻有2个旅以上的敌军，突出冒进，毫无胜利把握。"

于是，曾中生、徐向前等一面将意见报告鄂豫皖中央分局，一面举兵出蕲春、黄梅、广济地区。

8月3日，红4军主力向南出击，经两日行程，到达蕲春县境，连克蕲水、罗田等地。18日，红军又派出两个团兵力，冒着盛夏暑热，奔袭蕲春以北漕河镇驻敌新编第 8 旅。经过一个多小时的战斗，全歼该敌。这几战，牵动了敌海军急忙派舰艇巡逻长江，调动了武汉警备旅，敌第 10 军军长徐源泉也率第 41 师、第 48 师急忙赶来堵击。9 月 1 日，红 4 军又集中主力向来敌突然发起猛攻，经过数小时激战，将驻洗马畈的敌 3 个团大部歼灭。

在曾中生、徐向前的领导下，红 4 军南下仅一个月，以 5 个团的兵力连克英山、蕲水、罗田、广济 4 座县城，歼敌 7 个多团，俘敌 5000 余人，有力地牵制了敌人原拟派往江西的兵力，配合了中央革命根据地的反"围剿"斗争。这一胜利，极大地振奋了当地人民的革命斗争精神，恢复了这一带的地方工作，形成了以英山为中心的罗田、蕲春、太湖大片红色区域。

但是，就在红军浴血奋战的同时，张国焘竟不顾红 4 军南下作战胜利的事实，指责红 4 军主要领导人曾中生和徐向前，改变东进计划是"违抗分局命令""放弃援助中央根据地的任务""脱离后方无阵地的作战"，是"重复立三路线"，是同中央分局"原则上路线上的分歧"等，并严令曾中生、徐向前"部队立即北返，不得有丝毫的停留"。

曾中生、徐向前接到张国焘的训令后，鉴于和张国焘的斗争不可避免，为了弄清是非曲直，当即向中共中央写了报告，详细地申述了与张国焘的争论，明确反对张国焘的错误军事方针。他们在报告中写道："我们在长期的斗争中深深地感到，红军如果不是共产党领导下的军队，有广大工农政权的力量维系着，则如此艰难困苦的生活，是任何人也受不了的。因此，红军的根本问题不是政治坚定问题，一切英雄的个人，单纯军事观念的领导，在此完全要失掉其作用。同时在战略上，如果想脱离苏区几百里的阵地，如果我们由英山直取安庆等，不但做不到，而且要发生许多不能解决的困难，如果勉强行之，必然成为单纯军事行动，根本上都忘却了巩固阵地发展的任务了。我们深深认识到中央苏区胜利的伟大，就是有了强大群众基础的阵地所致，自然这与把主力束在苏区范围内来防御敌人的计划，是根本不同的。"

9月1日，曾中生、徐向前接到了张国焘的来信，只得依照分局命令，放弃大量歼敌的有利时机，带领部队北返根据地。

对此，部队广大指战员非常不满，议论纷纷。9月4日，部队移驻鸡鸣河后，曾中生代表红4军总结了南下以来的工作，建立了鄂东临时特委，领导该区斗争。接着召开党的活动分子会议，公开讨论了张国焘的来信。参加会议的是支部书记、指导员以上的干部，同志们都不同意张国焘完全不符合事实的错误指责，一致通过申明书，再次说明了东进的不利和南下的正确性及其胜利的重大意义。

会后，曾中生根据大家讨论的意见，复信张国焘，表示"除在组织上绝对服从外"，"在政治上不得不向中央分局及军委会作极诚恳的申述的必要"。信中逐条驳斥了张国焘的无理指责，并对攻打安庆的错误军事方针，再次提出了尖锐的批评。

04 屡遭打击志不移

"大肃反"遭撤职

　　曾中生、徐向前的正确主张，像一把利剑刺中了张国焘独裁的神经。张国焘收到信后，恼羞成怒，又不敢公开明辨是非，却蓄意用阴谋手段来对付曾中生。

　　8月，政治保卫局在后方医院中破获了一个所谓"AB团"的组织。这时，张国焘认为，不单是医院有，而且在鄂豫皖革命队伍中，必然有一个庞大的反革命组织，必须要严加清洗。应该立即采取果断措施，开展大规模的"肃反"运动，扑灭"特务"企图组织"叛变"的阴谋。于是，保卫局开始滥肆捕人，抓捕后就进行严刑逼供。

恰在这时，发生了一起敌特案件。国民党特务头目曾扩情，以黄埔同学关系，派人送信给鄂豫皖军事委员会皖西分会主席兼红4军第12师师长许继慎，诡称许继慎已与蒋介石勾结，蒋表示欢迎许率部来投。反动派企图以这种反间计对红军进行破坏。许继慎立场坚定、光明磊落，当即将来人逮捕，连人带信送往红4军军部。

曾中生、徐向前经过调查了解，根据许继慎的一贯表现和他对此事的明确态度，认为这完全是敌人用各种阴谋搞破坏的一种手段，许继慎不会有什么问题，随即将特务和信件送鄂豫皖中央分局处理。

张国焘则认为这是打击反对他的那些人的好机会，并以此为借口，扩大事态，下令逮捕鄂豫皖革命军事委员会参谋处主任李荣桂，严刑逼供出许继慎、周维炯、高建斗、廖业琪、肖方、吴荆赤、熊受暄、潘皈佛、姜镜堂9人是所谓"反革命军事委员会"的成员，主席是许继慎。诬陷他们确有准备把部队拉到长江边，投降蒋介石的所谓"全盘的反革命计划"；诬蔑红4军南下，是曾中生等受了那些反革命分子的怂恿和蒙蔽，并将此事在后方部队中大肆煽动，欺骗广大指战员。

张国焘借"肃反"为名，打击与他持不同意见的人，以便其在党内军内建立更高的军阀主义领导权威。

9月13日，红4军继续北返到达麻埠、斑竹园一带后，张国焘为了贯彻他对红4军别有用心的"改造"，便迫不及待派陈昌浩前往红4军，宣布分局决定，撤销曾中生红4军政委职务，由陈昌浩接任红4军政委。接着又在红4军内开始大规模的所谓"肃反"。陈昌浩亲自带领一支先头部队，押送曾中生和许继慎回到光山白雀园鄂豫皖机关所在地。遵照张国焘和陈昌浩的"指示"，红4军各师团也在行进中逮捕了100多个嫌疑犯。

南下之争，本属战略方针上的分歧，曾中生以军事家的战略眼光，根据作战实际情况，作出了红军改东进为南下的正确行动方针。但张国焘避开争论的实质，而抓住鸡鸣河会议等问题，无限上纲为原则上路线上的分歧。在王明"左"倾路线的支持下，又为张国焘改造红4军，打击曾中生提供了"尚方宝剑"。

9月底，红4军北返至河南光山白雀园地区时，张国焘亲自出马，主持"全力肃清4军中之反革命和整顿4军"的工作。在张国焘疯狂的打击迫害下，许继慎、熊受暄、周维炯、魏孟贤、吴荆赤、王培吾、黄刚等优秀指挥员，均被张国焘诬陷以"改组派""AB团""第三党"等莫须有的罪名，予以杀害。后来，就连张国焘也不得不承认："当时，人们多分辨不清什么是国民党改组派，什么是反革命，只要有人指证，谁就要受到这股热浪的冲击。红4军中各师团的军政干部对于嫌疑人，不问情由，便严加审问。审问的方式多系群众性的，被审问者在群情愤慨之下，几乎无法为自己辩护，甚至刑讯的事也发生不少。"

经过白雀园的"大肃反"，张国焘认为还未达到清洗曾中生这位高级将领的最终目的。于是，10月上旬，张国焘在泼皮河主持召开高级干部和积极分子会议，对曾中生进行围攻和斗争，处理曾中生等人南下军事行动的问题。张国焘满以为这次可以顺利地斗倒曾中生，但是，会议开始后，许多干部仍然认为曾中生在军事行动方针上是正确的。张国焘抓不住把柄，十分孤立，便使用其狡猾伎俩，避开军事问题实质不谈，抓住曾中生在鸡鸣河召开党的活动分子会议这一事实进行攻击，指责这是"动摇党在红军中的威信"，"是最危险的，最有利于敌人的行动"。

张国焘就这样给曾中生扣上了"反抗中央分局""纵容反革命分子活动"的罪名，宣布调离部队进行"审查"。还说曾中生"竟走到了领导4军干部向中央分局对抗的地步，做非常煽动性的演讲，引起大家不满意于中央分局和他的路线。由4军许多干部所签名答复中央分局和军事委员会的一封反抗政治路线的信，措辞异常蔑视党的领导，这信也是中生同志起草的"。

张国焘对曾中生采取的"审查"决定，得到了推行王明"左"倾机会主义路线的支持。中共中央给鄂豫皖中央分局的信中写道："4军领导干部违抗中央局命令，自由决定占领武穴、回兵进取六安的策略是严重的政治上与组织上的错误。""对于4军的主要负责同志，特别是红军积极分子会议的组织者中生同志等，决不能继续在红军中担任任何领导工作，同样军事委员会参谋长的职务亦是不能担任，中央局在重新讨论中生同志的问题时，应注意到这点"。

在以王明为首的中共中央的支持下，张国焘更加肆无忌惮，他的军阀主义"左"倾冒险主义便在鄂豫皖的红军中占了统治地位。

在那黑云压顶的日子里，曾中生坚持真理，英勇不屈，对张国焘的严重错误及其阴谋活动进行了顽强的斗争。他当着张国焘的面说："真理是湮灭不了的，是非总有一天要澄清。"同时，他脑海里对当时的中共中央产生了团团疑问……

危急关头勇谏言救红军

1931 年 10 月，鄂豫皖中央分局和军事委员会决定，新组建第 25 军。在考虑军长的人选时，鉴于旷继勋的能力和他在任红 4 军军长期间及在第 13 师时的突出贡献，又让他担任了红 25 军军长，王平章任政委，下辖第 73 师、第 74 师、第 75 师 3 个师。11 月 7 日，中共中央又决定，将红 4 军和红 25 军合编为红四方面军，徐向前任总指挥，陈昌浩任政治委员，刘士奇任政治部主任。下辖红 4 军和红 25 军，总兵力近 3 万人。此时，曾中生被张国焘排斥在红军主要领导人之外。

1931 年 12 月，黄安县和陂安南县两独立团扩编为中国工农红军第四方面军独立第 1 师。在广大指战员的请愿和强烈要求下，曾中生被调任独立第 1 师师长。

曾中生毫不计较个人得失，勤勤恳恳地为党工作，致力于独立师的建设。他看到这支部队是由农民武装扩编起来的，新兵多，训练差，缺少武器，便深入连队，全力抓部队的训练。在他的领导下，独立第 1 师的战斗力得到显著提高，多次配合主力红军作战，出色地完成了任务。

此时，曾中生身患严重肺病，在激战高桥河时脚后跟被打坏，西进时又在永家河战斗中臂部负伤，行动很不方便，走起路来一颠一跛，率独立师在七里坪战役中腿部再次负重伤，但始终坚持在第一线指挥战斗。徐向前总指挥知道后，感动不已，只好派几个年轻力壮的战士抬着曾中生行动。

1932年秋，国民党军队频繁向平汉路的信阳至武汉一线调动，准备发动第四次"围剿"。

由于张国焘顽固推行王明的"左"倾冒险主义，错误地估计形势和敌我力量对比，竟认为经过黄安、商潢、苏家埠、潢光四大战役，国民党军队已被红军打得溃不成军，处于"偏师"地位，没有及早地进行第四次反"围剿"的准备。在这种错误思想的指导下，张国焘以中央分局名义，命令红军不停地进攻，南下夺取麻城、宋埠、黄陂，进而提出"打到武汉去"的"左"倾冒险口号。结果使红四方面军在第四次反"围剿"的战斗中遭到严重失败。

9月间，红四方面军主力接连转战豫南、皖西，因敌人采取围守待援的战术，红军始终未能得手。10月初，红四方面军主力经英山、罗田再次西进。曾中生在转战中，亲自率两个团在永家河与敌人展开搏斗，击退了数倍于己敌人的进攻。不幸的是，他臀部再次中弹负伤，同志们把他从战场上抬下来，送到总部医院治疗。他虽然住进了医院，可是，他的心仍然惦记着前方的战斗。当他听到从前线回来的同志们说由于张国焘军事指挥上的错误，皖西革命根据地已经损失了5/6，敌人正大举进攻时，感到极为痛心。他没有等伤愈，就坚决返回了战斗岗位。

在敌军大兵压境，前堵后追的紧急情况之下，张国焘被敌人的气势汹汹吓倒了，由"左"倾轻敌，变为了右倾恐敌，完全丧失了粉碎敌人"围剿"的信心，擅自率领红四方面军主力，无计划、无目的地向西转移。

对于红四方面军的现状，广大指战员忧心忡忡议论纷纷。在张国焘统治下，党内军内毫无民主生活，广大指战员有话无处说，有意见不敢讲，只好私下议论："为什么放弃了鄂豫皖根据地？""究竟到哪里去？""一定是领导上有错误"，甚至指责"这完全是逃跑主义"。

时刻为党的事业着想的曾中生，在这关系着整个红四方面军生死存亡的紧要关头，更是痛心疾首，为红军的前途命运担忧。

1932年10月，红四方面军被迫离开鄂豫皖苏区踏上漫漫的西征之路。12月7日，极度疲惫的红四方面军在秦岭南麓的城固小河口停了下来，准备休整。此时，红四方面军虽然翻越了秦岭，甩掉了蒋介石的"追剿"大军，赢得了喘息之机，但全军在战略上的不利地位并没有改变。向南出山就是汉中盆地，按张国焘的设想，下一步，部队应在这里开辟新的根据地。

离开鄂豫皖革命根据地以来，红军一直被敌人追着打，情报工作很差，处处被动。部队安顿下来后，徐向前不敢放松，他向张国焘说："我军要取汉中，先得把出山的路搞清楚！我带两个团到前面看看，抓几个'舌头'摸摸敌情。"张国焘无奈地同意了。

徐向前带上王树声率领的红73师两个团出发了。一路顺利，打通了南下汉中的道路，徐向前非常高兴，派人急报张国焘和陈昌浩，让他们率领全军立即南下。

就在徐向前离开小河口之后，红四方面军领

导层内部经历了一场不小的危机。起因是中共中央发来一封长长的电报，对鄂豫皖苏区反"围剿"的失败和红四方面军的西出明确无误地提出了批评。这封电文对红四方面军的指责，第一次在红四方面军中动摇和削弱了张国焘的权力基础，也给部队内部一直对张国焘做派不满的人鼓起了斗争的勇气。

行军作战时大家无暇讨论此事，现在部队停了下来，张国焘的行为又受到了中央的斥责，那些把红军和革命看得比生命还宝贵的人，就先在下面开起了小会。前红 4 军政委余笃三，义愤填膺地开口说道："不能眼看着张国焘把部队弄垮，我要到中央去报告！"

旷继勋非常支持余笃三的意见，说："是该去告他一状，他到鄂豫皖来，乱杀人、瞎指挥，把根据地弄丢了，现在又要把鄂豫皖红军弄垮。再不能这样下去了！"

有人对余笃三的想法提出了异议："中央离咱们那么远，怎么去呢？再说到了那里，中央要是不相信咱们的报告怎么办？"

"中央能来人就好了，我们可以按组织程序把自己的意见说出来！"

曾中生听完大家的意见后，说道："同志们，我们都是共产党员，红四方面军目前处境艰难，我们当然有责任向中央报告。但现在等中央来人再报告是不行的。到中央去报告，又远水难解近渴。我建议：我们出以公心，将自己的意见写成一封信，让一个张国焘信任的人正式交给他，要求他召开会议，就中央给方面军的电报和方面军下一步的战略计划做一次认真讨论。我个人认为，就让方面军尽快摆脱困境而言，这样做可能比其他办法更直接、更有效！"曾中生一番出于公心的话，说服了大家。

于是，曾中生亲自执笔给张国焘写信。他当然知道张国焘绝对不是一个能听进批评意见的人，并且心狠手辣，自己很可能因此遭受更大的打击，甚至牺牲生命。但他为了挽救红四方面军，愿意为此承担一切责任。在红四方面军何去何从、生死存亡的险要关头，曾中生又一次表现出了他性格中的无私无畏和对革命的赤胆忠心。就像当年拒绝率领红4军执行张国焘出潜太、攻安庆的计划时一样，现在他仍然觉得自己不得不这样做。

曾中生很快写完了这封信，交给大家看后，都认为说出了大家的心里话。但如何交给张国焘呢？为避免一开始就把事情闹僵，曾中生找来红四方面军政治部主任张琴秋商量。张琴秋是红四方面军政委陈昌浩在莫斯科中山大学的同学，关系尚好。让张琴秋先把意见书送给陈昌浩看一看，先取得陈昌浩的支持。

张琴秋飞快地看了一遍信，说道："写得太好了，我去送给陈昌浩看！"

陈昌浩却没有像曾中生希望的那样站到他们这边来。他比曾中生等人更了解张国焘，他知道用这样一种方式向张国焘"提意见"，等于公开给这位张主席难堪。张国焘那样刚愎自用的人，是不可能接受这些"意见"的。

但曾中生信中提出的问题过于重大，陈昌浩决定还是将这封信按组织程序交给张国焘。

一天，陈昌浩走进张国焘栖身的小庙里，将这封信连同其他文件一齐交给张国焘。张国焘看着信，脸色开始渐变，眼看就要勃然大怒，但他忍住了，一直把信看完，站起身来在屋里转了两圈，忽然开颜一笑，说道："信写得不错！"过了一会儿，又说道："明天就开个师以上干部会，让大家把想法都说出来！"

张琴秋将张国焘的话转告曾中生。曾中生虽然也感到惊讶，但还是为事情进展得比想象的顺利而高兴。他开心地说道："这样好，大家都是同志，张国焘真能接受大家的意见，红四方面军仍然大有希望！"

第二天上午，会议如期召开。除了徐向前和王树声在前面探路未归，红四方面军师以上干部全部参加。

张国焘坐在会场中央，开场白说得落落大方："中生同志代表自己和其他几位同志给我写了一封信，提出了一些很好的建议，现在我把它念一念给大家听。"他把曾中生的信念了一遍，说道："下面，请大家畅所欲言！"

张国焘突然表现出的"民主作风"让不少人生疑，但出于对红四方面军前途的关心，曾中生、旷继勋、余笃三等人还是相当积极地表达了自己的意见，激烈批评了分局领导第四次反"围剿"以来包括西出后在战略指挥上的错误。会议几乎开成了对张国焘的批判会。

从头到尾，张国焘一直眯缝着眼睛坐在人群中间，表情认真而又若无其事。不时地说一句："同志们讲得很好，分局是有错误。还有哪位同志要发言？"

会议一直开到晚上，张国焘如此"诚恳"，许多本来不想发言的人也发了言。

最后，张国焘又"热情"地说："大家都讲了，最后再请中生同志讲讲。中生同志是鄂豫皖苏区的创始人，水平高，经验丰富。有什么好建议，请说出来！"

张国焘的"热情"融化了曾中生心中最后的一点顾虑。他本是个襟怀坦荡、待人宽厚的人，张国焘已"虚心接受"了大家的意见，他就应当带头维护红四方面军领导层的威信与团结。毕竟，他们今天千里长征，餐风饮露，牺牲流血，都是为了工农解放这一崇高目标。

曾中生站起来，代表大家对张国焘接受众人

意见表示感谢，然后又提出了两条建议："第一，恢复军委会，重大问题集体讨论决定，避免在战略指导上再发生大的失误；第二，提议全军加强团结。我说的团结，当然是以中央分局为中心的团结。只有坚强地团结在一起，我们这支队伍才有力量，才能无坚不摧，无往而不胜！"

张国焘带头鼓掌，说道："中生同志讲得很好。我代表分局主要领导诚恳地接受同志们的批评。大家提出的建议，分局要马上研究，作出决定，给同志们一个满意的答复。"

当晚，鄂豫皖中央分局接着召开扩大会议，决定接受曾中生恢复军委会的提议；鉴于红四方面军下一步要在鄂陕边界建立根据地，张国焘提议将这个新恢复的军委会命名为"西北革命军事委员会"，报请中央批准。军委会主席仍是张国焘，副主席由陈昌浩、徐向前担任，曾中生出任参谋长，集体决定重大问题。

此时，连陈昌浩也不得不暗自承认，张国焘还是"有能力"的，竟将部队内部一场以他为攻击目标的"动乱"，变成了消除中央和全军不满、确定大政方针、加强内部团结、维护自己威信的会议。红四方面军非但没有因这个会加深分裂，反而由于将反对派的领袖曾中生重新召进了最高决策层而弥合了原本存在的裂缝。张国焘的权威似乎被削弱了，其实依然强大。

没有人能猜透张国焘内心的全部秘密：在中央电报明确批评之后，他已经意识到自己在这支红军中的权力基础发生了动摇。曾中生等人敢于在这时"揭竿而起"，正说明自己地位的虚弱。如果他不"以退为进"，红四方面军内对他的激烈反对情绪就可能强化，甚至可能造成自己的垮台。过去有中央的支持，他可以在鄂豫皖苏区为所欲为；现在中央的支持动摇，他只有设法巩固自己在红四方面军的领袖地位，才能继续得到中央的承认和支持。会议开始时，他还没有把握说自己在红四方面军中的领袖地位会得到巩固，而在会议结束时，他的领袖地位已经得到了巩固。

如果张国焘是一个心胸开阔的革命家，小河口会议还会对他产生更为深远的意义：他将和曾中生、旷继勋、余笃三等以前的"反对派"实现和解，红四方面军的团结将越来越巩固，而他作为这支红军的最高领导人，也会在全军赢得更大的尊敬，从而在中国革命史上为自己留下光彩的一笔。

小河口会议后重新实现了内部"团结"的红四方面军通过徐向前带领的红73师打开的两个山口，走出秦岭，向南进入汉中盆地的城固地区。12月15日，红四方面军在陕西西乡县钟家沟召开团以上干部会议，讨论前敌委员会关于进军川北、创建川陕革命根据地的方针，得到与会者的一致赞同。

呕心沥血创建川陕革命根据地

"蜀道之难，难于上青天！"唐朝大诗人李白的慨叹，真是不虚！红四方面军部队艰难跋涉在川北的深山密林大峡谷中，准备到川北整补，开辟新区。

川北位于四川和陕西交界的大巴山地区，地

势险峻，此时，寒冬冰雪封山，气候十分恶劣。红军战士经过长途转战，体力消耗很大，加上衣薄鞋缺，翻越大巴山区的困难是可想而知的。

　　一路转战，曾中生都是由徐向前所派的年轻力壮的战士抬着行动。现在行进在如此险峻的深山峡谷中，战士们又因长途征战极为疲惫，抬担架的人都显得非常吃力。曾中生不忍心让本已疲惫不堪的战士们抬着，坚决不肯坐担架，一颠一跛地跟着部队走。但他实在太虚弱，走不了多久就累得瘫倒在地，或是被战士们强行架上担架。战士们哭着说道：“首长，你病成这样，还是让我们抬吧！我们就是累死也要把您抬过大巴山。”

　　为了战胜巴山风雪，迅速到川北建立新的根据地。曾中生深入部队做耐心细致的思想政治工作，向同志们讲解入川的意义。曾中生以顽强的毅力，同广大指战员一道，战风雪、斗严寒，越过“蜀道天险”，胜利到达川北。

　　四川军阀连年混战，把“天府之国”搞得民穷财尽，不料红军从大巴山上冲下来，打得川军狼狈逃窜。蒋介石闻讯，要派部队入川“追剿”红军。四川军阀深知老蒋惯用假途灭虢之类的手段，担心请神容易送神难，执意拒绝中央军入川，向蒋介石拍胸脯指天发誓，川军有能力对付小小红军。红四方面军则利用军阀之间、川蒋之间的矛盾，迅速开辟了大片根据地。

1932年12月始，红四方面军以出敌不意的行动，迅速解放了通江、南江、巴中等地，开辟了川陕革命根据地。

1933年2月7日，在通江召开了中国共产党川陕省第一次党代表大会，正式成立中共川陕省委，袁克服任省委书记，曾中生、傅钟等37人为省委委员。2月中旬，又在通江召开了川陕省第一次工农兵代表大会，正式成立了川陕省苏维埃政府。曾中生参与了苏维埃政府的领导，他积极致力于政权建设，深入实际作调查研究，了解川北人民在军阀统治下的苦难生活，领导广大贫苦农民开展轰轰烈烈的土地革命。同时，他带领工作队，大力壮大红军队伍，动员翻身的广大青年踊跃参军参战，彻底粉碎四川军阀的进攻，为保卫胜利果实、巩固和扩大苏区而斗争。

四川人民群众极为欢迎红军的到来。由于红军战士多操湖北口音，对四川群众说他们来自鄂豫皖，被群众听成"鄂尔款"。于是老乡们都称红四方面军为"鄂尔款"。

"鄂尔款"们着实厉害，三下两下就把川军打得落花流水，牢牢控制了通江、南江、巴中，开辟了川陕革命根据地。曾中生经常手拄拐杖，一瘸一拐搞调查，建立基层政权，发动禁鸦片烟，恨不得身上能长出两片翅膀到处飞。

红军占领通江、南江、巴中的胜利，使敌人大为震惊。蒋介石连续电令四川各派军阀停止混战，共同对付红军，并委任田颂尧为川陕边"剿匪"督办。田颂尧根据蒋介石的指令，调集 38 个团近 6 万人的兵力，分左、中、右三路，对通南巴革命根据地发动"三路围攻"，妄图乘红军立足未稳之际，一举加以歼灭。为了粉碎敌人的"三路围攻"，曾中生协助徐向前深刻分析敌我有利和不利因素，吸取鄂豫皖时期红军反"围剿"的经验教训，决定采取收紧阵地、诱敌深入、适时反攻、猛攻猛打的方针来粉碎敌人。

曾中生在一篇《准备活捉刘湘》的短文里，用很浅显生动的语言，鼓励红军战士："田逆（四川军阀田颂尧）费了九牛二虎之力，进攻红军，结果，丢下来1万多条枪，4个旅长，多个团长和成千成万的俘虏与军用品。刘湘又来了吗？好的！索性将他带来的兵和将，枪和刀，一件件的缴下，连刘湘这条狗命也不要让他逃脱了！"

在具有决定意义的空山坝战斗中，曾中生协助徐向前指挥红军采取迂回包抄的战术，将孤军深入之敌分割包围于空山坝以南的余家湾、柳林坝地区，经过三昼夜的激战，全歼敌7个团，击溃6个团，毙伤敌旅长以下官兵5000余人，给敌人以沉重打击。经过4个月左右围攻与反围攻的较量，敌人"三路围攻"的计划破产了，根据地得到了更大的巩固和扩大，红军在川北站稳了脚跟。

为巩固这一胜利，1933年6月25日，中共川陕省委在通江新场坝召开了第二次党员代表大会，曾中生代表省委作了《关于目前政治形势与中国共产党川陕省党的任务》的政治报告。报告要求加强党的建设，加强红军和地方武装建设，深入和扩大土地革命，进一步巩固革命根据地。大会还着重讨论了组织问题和开办党校、培养干部等，决定创办红四方面军机关理论刊物《干部必读》。

6月，红四方面军在南江县木门召开军事会议，会议总结了粉碎敌人"三路围攻"的作战经验，决定将原有的4个师扩编为4个军，即红4军、红30军、红9军、红31军，共4万余人。10月下旬，"川东游击军"在宣汉的南坝场、普光寺与红四方面军会师，随即改编为红33军。至此，红四方面军共有5个军，8万余人。建立起了巴中市和22个县的红色政权，拥有500万人口，川陕革命根据地进入了全盛时期。

木门会议后，川陕地区的最高军事领导机关为西北革命军事委员会，张国焘担任军委主席，徐向前任军委副主席兼红四方面军总指挥，曾中生任军委参谋长。

由于部队发展很快，新战士大量增加，许多老战士都提升为干部。这不仅迫切需要对广大战士进行军事、政治教育，而且也急需提高干部的指挥和管理能力。担任西北革命军事委员会参谋长的曾中生，为了提高广大指战员的军事素质，在组织部队开展大规模训练的同时，把主要精力投入到研究军事科学之中。在总结过去作战经验教训的基础上，他号召红军干部战士都要努力学习军事理论，创造新的战术，克服以往在战争中存在的缺点，提高指挥能力，反对只知打仗冲锋，而不注重研究军事理论和战术的倾向。

曾中生为《干部必读》撰写了许多文章，介绍军事知识和实战经验。他在《与川军作战要点》一文中，对四川敌情、地形和红军的作战要领作了详细分析和阐述，还将每一段的主要内容编成四字一句的口诀，再作具体解释。这种四言口诀生动活泼，通俗易懂，便于记忆，深受干部战士的欢迎。例如，把川军情况描述成："编制甚老，兵器不好，系统混乱，战斗力小，……爬山倒凶，收买冲锋，一气虽勇，再则无功；小奸小诈，不为不高，但不持久，且怕包抄。"把红军的作战要点概括为，"红军作战，群众力量，处处配合，声威大壮"；"乘敌矛盾，利敌冲突，各个击破，此为上着"；"敌情不明，不可妄动，敌情既明，先发制人"；"主力迂回，包抄背后，歼敌之效，以此为最"；"前进包围，后进包围，胜利之后，必须穷追"。笔墨虽然不多，但对提高广大指战员的军事技术和指挥能力起了重要作用。

随后，曾中生又为红四方面军起草了《游击战争要诀》并在《干部必读》上刊出。全文共分3个部分：第一，总结指出游击战争的性质、任务和具体条件，叙述了"游击战争网"的布置和政治工作；第二，游击战争通则，指出了不攻坚、不打硬仗、敌情不明不战、与群众组织具体配合、发动群众骚扰敌人、打圈子对付敌人、坚壁清野、破坏敌人后方、夜间行动、肃清地方反动分子等16条规定；第三，在游击战术中，特别详细解释了毛泽东和朱德在坚持井冈山斗争中总结并提出的游击战争16字诀，阐述了"敌进我退、敌驻我扰、敌疲我打、敌退我追"的原则及其具体运用方法。这是指导根据地军民开展群众性游击战争的一个重要文件。

在曾中生等人的指导下，红四方面军指战员以高度的热情，掀起了轰轰烈烈的练兵高潮。在练

兵运动中，曾中生深入连、排、班，开展官兵互教。同时，对指战员严格要求，严格训练，不单是定期对战士进行考核和测验，而且对干部更是如此。在干部的训练课目中，还增加了一项对指挥艺术的测验。通过攀登悬崖、侦察、联络、射击、投弹、跑步、爬山、跳越障碍、紧急集合、实战演习等训练，使部队广大指战员军事技能有了很大提高。

再撤职被监禁

　　就在红四方面军已经在川陕站稳脚跟之时，张国焘见条件已成熟，下决心要除掉曾中生等"心腹之患"。为此，他先在红四方面军和地方党组织中发动所谓"反右"斗争，把在小河口会议上反对过他的一些领导干部诬蔑为"右派""反党活动分子"，实行疯狂的打击报复，将旷继勋、余笃三、舒玉章等秘密杀害。同时，关押和软禁中共中央派来的廖承志、中共四川省委书记罗世文等人，为迫害曾中生进一步扫清了"障碍"。

　　1933 年 8 月 1 日，张国焘突然以西北革命军事委员会主席的名义宣布命令，免去西北革命军事委员会参谋长曾中生的职务，并将其逮捕。

随即，陈昌浩在后方党团活动分子代表大会上，大肆攻击曾中生。接着，张国焘又在《干部必读》上发表《右派的根本错误》一文，给曾中生无中生有地罗织种种罪名，诡称曾中生是"托陈取消派""右倾首领""党再也不能让这种人来糟踏，必须执行纪律"。由张国焘亲自来审问。

曾中生见到张国焘质问道："我犯了什么罪？你为什么抓我？"

"你犯了什么罪，你自己很清楚。"张国焘扳着手指一条条数落："在鄂豫皖，你和许继慎勾结一起搞我，我容了你。到了小河口，你看我张某人不值钱了，把托陈派、右派、改组派分子旷继勋一伙人纠集起来反我。"

曾中生反问道："我们提的意见不对吗？在党的会议上，什么意见都可以说，这是党内的民主生活原则。"

"什么民主？党对牛鬼蛇神没有什么民主。限你5天之内，写出自首书，交代你在鄂豫皖和小河口反对我的罪行。"

在张国焘的淫威面前，曾中生毫不畏惧，义正词严地说道："我曾中生坐得正，行得端，没什么可自首的。倒是你张国焘需要好好地自首。你杀了那么多人，你不自首谁自首！"

"好，我说不过你，看你嘴硬还是我鞭子硬。"张国焘大声吼道："用刑！"

面对张国焘的刑讯逼供和残酷暴行，曾中生英勇不屈，坚决拒绝诬加给他的种种罪名，大声斥责张国焘："你张国焘搞军阀统治，杀了那么多优秀党员和红军领导人，是不会有好下场的，党总有一天会清算你的。我的问题总有一天党中央是会弄清楚的！"

张国焘暴跳如雷，但又不敢轻易杀害曾中生，遂把他监禁起来。

徐向前闻讯曾中生被逮捕，质问负责"肃反"的陈昌浩："这是怎么回事，中生同志也成反革命啦？"陈昌浩含糊其词，只说曾中生与"托陈取消派"混在一起，正在审查。徐向前激动地说："别人历史上的问题我不清楚，不敢打保票，但中生同志我们大家都了解他，中央也了解他，有话慢慢说嘛，关起来总不合适吧！"陈昌浩顾左右而言他，并告诫徐向前不要过问这些事，只管去打仗。徐向前只好又去找张国焘，张国焘漫不经心地说："这些事你就不要管了，前方战事吃紧，你管好打仗。"就连曾中生关押在哪里，徐向前都不知道。张国焘一直对他不信任，在许多问题上根本不征求、不重视、不尊重徐向前的意见，有时还用各种手段贬低徐向前的地位和威信。

过了几天，张国焘在通江召开的领导机关党团活动分子会议上，罗列了曾中生六大罪状，宣布关押审查。参加会议的人，虽然明知是"欲加之罪，何患无辞"，明知张国焘这是借故要整掉曾中生，但在其淫威之下，无可奈何。

曾中生被捕后，张国焘密令保卫局，要设法逼他写"自首书"，全面交代历次"反中央"的"错误"，所有的审讯不得由他人插手，直接向张国焘本人汇报。保卫局的党羽心领神会，诺诺而去。

几天以后，张国焘得意扬扬地走进审讯室，不屑地看了瘫在角落里的曾中生一眼，冷酷的心里竟然也忍不住吃了一惊：只几天工夫，曾中生就被折磨得完全脱了人形：眼窝深陷，褴褛的衣服遮不住身上的鞭痕、棒痕、烙痕，原来留下的枪伤也开始化脓了。

张国焘示意把曾中生抬到椅子上，用冷水浇醒。曾中生从昏迷中骤然苏醒，慢慢抬起头，看到了对面的"张主席"，眼里突然闪出奇异的亮光，使张国焘心中一凛。张国焘把四周的人打发走，故作关心地问："你的身体变得这么糟了，真是没想到。"

曾中生冷冷地回答："这一半要归功于蒋介石，一半也要归功于张主席呀！"

张国焘笑了笑："你还是这么说话不饶人，你如果能承认和'托陈取消派'勾结，故意反对中央领导，我何至于这样？现在你的罪行已经公布，你如果不承认，就会影响党的威望。希望你能从全局着想，为党的利益牺牲个人。"

"你不要开口党闭口党，你所要说的，是牺牲我曾中生来成就你张国焘的威信吧？我不能冤屈别的同志，也不能冤屈自己。你如果真心为党着想，就立刻停止这种捕风捉影的'肃反'、停止逼供信、停止杀人！"

任凭张国焘怎样威胁利诱，曾中生坚决不写"自首书"，不承认搞"反党阴谋"，张国焘讨了个没趣，悻悻地走了。临走时恶狠狠地吩咐看管的人："要抓紧！"

曾中生不屈服张国焘的压力和逼供，遂被长期监禁了起来。"死里逃生唯斗争，铁窗难锁钢铁心。"在战场上曾身负重伤的曾中生，现在又遭到张国焘的折磨、迫害，身体受到极大摧残。但他始终保持着旺盛的革命斗志，把个人的安危置之度外，常常与看守人员促膝谈心，帮助看守人员学习文化知识，讲解革命道理，鼓励他们坚定革命胜利的信心。

监牢著兵书

曾中生忍受着被诬陷、被关押的痛苦和伤痛的折磨，在阴暗潮湿的关押地和极端艰难困苦的条件下，始终抱着对中国革命必胜的坚定信念，回顾

和总结鄂豫皖红军反"围剿"和入川以来的历次作战经验。他在一盏小小的桐油灯下，不知疲倦地坚持撰文著书，以惊人的毅力，写出了军事著作——《与"剿赤"军作战要诀》，为中国革命留下了一笔可贵的军事遗产。

《与"剿赤"军作战要诀》，全书近3万字，内容极为丰富。他以鄂豫皖反"围剿"所采取的外线作战、内线作战和以根据地为中心的游击战互相配合的经验，系统总结出了10种反"围剿"战法：一是内线作战，各个击破；二是专击敌人联络点；三是前进包围，后进包围；四是专于抄袭迂回；五是声东击西，避实就虚，以飘忽行动击敌要点；六是围攻一点，消灭援兵；七是诱敌深入，集中力量而消灭之；八是布置大的游击战网；九是尽力发挥夜间战的作用；十是突出外线的攻击。

这些战法，生动地体现了鄂豫皖反"围剿"作战的一些战略战术原则。同时，根据历来反"围剿"所遇到的敌情，详细分析了敌人所采取的围攻、封锁、分进合击、并进长追、稳扎稳打、步步为营等10种"围剿"战法，从而找出了敌人战术上的弱点，提出了我们对付敌人的办法。

这些军事思想和战略战术原则，是曾中生不断积累、系统总结、吸取古今中外军事斗争经验的结果。曾中生在该书的前言中写道，"这本小册子是依靠着近代战斗纲要和敌人目前的军事斗争材料以及我们自己的一部分的战斗经验，因为革命飞快的发展，红军迫切的需要而写的"。其目的是为了"呈献于英勇战斗的同志们"，指导红军所进行的革命战争。

一天，保卫局局长拿着一摞纸送给张国焘，他满以为是曾中生写的"自首书"，兴奋地从椅子上站起来，接过一看，一行大字《与"剿赤"军作战要诀》映入他的眼眶，张国焘立时像泄了气的皮球，哀叹了一声。他抱头沉思了一会儿，一个鬼主意冒出来。

不久，红军指战员都拿到了一本《与"剿赤"军作战要诀》。这本书受到了大家的欢迎与重视。但奇怪的是，这本书的作者竟然叫作"西北革命军事委员会"，里面还有张国焘写的"附注"，"本书甚有价值，红军干部应人人手执一本再三探讨"。

据此看来，他大概想让人知道，这本著作就是"张主席"所写的吧。

张国焘瞒天过海，勾掉作者曾中生的名字，贪天之功据为己有，借这本书来提高自己在部队中的威信。实际上，张国焘没学过一天军事，没参加过一场战斗，就算把他的脑汁熬干了，能写出这样精辟的军事论文吗？他这种卑鄙的做法，瞒得了基层不明真相的指挥员，却瞒不了徐向前等曾中生的亲密战友。

红四方面军的广大指战员非常喜爱这本小册子，他们读起来感到特别亲切，而且许多都是自己亲身经历过的，是在实践中得到证明的十分正确的理论，现在可以更好地用来指导实践了。各级干部把它作为训练部队、指挥战斗的必用教材和依据。后来，这本军事著作随着广大指战员的艰苦转战带到了延安，为毛泽东系统总结《中国革命战争的战略问题》提供了丰富的素材。

1933 年冬的一天，保卫局局长来到手枪队，对队长陈明义说："上面又送来一个'犯人'，关在那间小屋子里，由你们手枪队负责看管。第一，要看管好，不能出问题，不能让他跑掉。第二，每天要派一个人跟在他身边，既监视他，又做些勤务工作，帮他打饭、洗衣、买东西等。"

陈明义领受任务后，来到关押犯人的屋子，推开房门一看，不禁大吃一惊！这不是那位英勇善战的红4军政委、西北革命军事委员会参谋长曾中生吗？他怎么会是"反革命"？怎么成了"犯人"？

为了"看管"好这位"犯人"，陈明义决定由自己亲自承担这个任务，细心地为这个"犯人"做勤务，为他打饭，为他洗衣，还帮他买东西。因为有规定，不许主动和"犯人"讲话。几天后，陈明义惊奇地发现，这个"犯人"在这里好像不是被"关押"，而是在这里学习、工作的。他成天不是看书，就是拿着笔写。他白天是读书和写作，晚上点起油灯，仍然是读书和写作。陈明义越来越尊敬这位曾经叱咤风云的老首长。

有一天，曾中生吃过饭，关切地问陈明义："你读过书没有？"

陈明义回答说："没有，小时候连饭都吃不上，哪有钱上学，如今还是睁眼瞎！"

曾中生问："你想读书识字吗？"

"想，我娘说，一字值千金哩！"陈明义想起母亲的话，眼睛里充满着渴望。

"好，我来教你！"曾中生提起笔来，写了6个大字——红军三大任务。然后，一个字一个字地教陈明义读和写。从此，这位保卫局的手枪队队长，拜"犯人"为师。这是他有生以来，第一次学文化。曾中生是他学文化的第一位启蒙老师。

斗转星移，冬去春来，经过一年多的学习，陈明义竟然学会了500多个汉字。他慢慢地认识了墙上那些标语、布告，见了字就喜欢读一读和写一写，在他面前仿佛展开了一个新的天地。

一次，陈明义去巴中执行任务，路上他认出了钉在墙上的木牌上写的字："红军总司令，四川仪陇人！"他反复地看着念着，心中十分高兴，哈！这木牌他以前见过多次，今天才知道这个木牌上写的字的含义。

当然，曾中生不仅教陈明义学文化，而且对他进行了更广泛、更深刻的教育。在教他"中华苏维埃"这5个字时，不仅讲了当时全国的革命形势，还给他画了地图。哪个地方是苏区，哪些地方是国民党统治区，甚至还画出了当地的山川河流、铁路、公路。渐渐地，陈明义的胸中不仅有了商城县、鄂豫皖、川陕省，还有了中央苏区，有了全中国的山河大地。

曾中生在向陈明义谈自己的经历时，谈到他在广州上过黄埔军校，听过周恩来的讲演，见过蒋介石。他还去过苏联，在莫斯科中山大学学习，参加了中国共产党第六次全国代表大会。在谈到中国革命和世界革命时，曾中生深入浅出地向陈明义谈到马克思、恩格斯、列宁和毛泽东。这位被关押的"犯人"曾中生，成了给陈明义系统讲马列主义理论的高级政治教师。

曾中生在被关押期间，张国焘逼迫他写检讨。他对张国焘嗤之以鼻。当然，他每天仍勤奋地写着。随着陈明义认识的字越来越多，他发现，曾中生不是在写什么检讨，而是在写书。曾中生忍辱负重，在被关押、被迫害的牢房中，以惊人的坚强意志，思考和总结鄂豫皖、川陕苏区的武装斗争经验，给后人留下了许多宝贵的财富。

惨死在黎明前

1934 年 10 月，由于王明"左"倾机会主义的统治，中央革命根据地第五次反"围剿"失败了，中央红军被迫开始长征。这时，蒋介石开始策划"川陕鄂三省会剿"。很快，敌两个师急进川东，胡宗南部也由陕西南下广元、昭化地区。张国焘害怕川陕革命根据地成为蒋介石反革命"围剿"的重点，更加惊慌失措起来。

1935 年 1 月，中共中央在贵州遵义召开了政治局扩大会议，实际结束了王明"左"倾机会主义在党内的统治地位。1 月 22 日，中共中央电示红四方面军，集中主力向嘉陵江以西进攻，配合中央红军北上。为粉碎敌人策划的"川陕会剿"，红四方面军主动发起了广元、昭化战役，24 日攻克羊横坝，歼敌胡宗南一部，接着又进行了陕南战役和西渡嘉陵江战役。可是，张国焘违抗中央指示，擅自放弃川陕革命根据地，开始向西转移。

这时，曾中生仍被张国焘非法关押着。他拖着饱受摧残的身躯，在看守人员的管押下，拄着棍子艰难地随军行动。向哪里走？他不清楚，结局是什么？他更不知道。但他始终坚信真理终将战胜谬误，党的事业一定会胜利，红军一定会胜利。

行军途中，曾中生望着满目疮痍的苍茫大地，往事一桩桩涌上心头：1922年，他抱着武力救国的愿望，加入了军阀沈鸿英的部队，结果发现不是自己所追求的，离开了军阀的部队；1925年，考上黄埔军校，学习期间听过周恩来、恽代英、萧楚女等人的演讲和毛泽东在农民运动讲习所的报告，坚信只有共产党才能救中国；1926年，根据党的指示，到国民革命军第8军唐生智部参加北伐，攻克武汉后，高涨的革命形势令他兴奋不已，可是没多久，胜利的果实被蒋介石篡夺，自己义无反顾地加入了反蒋的斗争；当革命处于低潮时，党组织派他到苏联莫斯科中山大学学习，回国后在中央军委工作，后又被派到中共南京市委工作，是在南京结识了同是黄埔军校的黄杰，并结为夫妻，刚结婚不久，自己就被中央派往鄂豫皖边工作……从此与妻子天各一方，再也没见过面。后得到消息说，黄杰被国民党抓进了监狱，也不知她现在怎么样了？想起妻子黄杰，曾中生心中顿生歉疚，不由得泪水涌满了眼眶……自己被冤身陷囹圄，此生是否还能团聚？

1935年6月，中央红军与红四方面军在川西懋功地区胜利会师。中共中央派刘伯承、李富春、林伯渠、李维汉等同志组成中央慰问团，到红四方面军总部机关所在地杂谷脑慰问。红四方面军广大官兵敲锣打鼓，燃放鞭炮，热烈欢迎中央慰问团的到来。

这时，曾中生已在张国焘监押下度过了22个月的时光。这天，陈明义把同中央红军胜利会师的喜讯告诉了狱中的曾中生："曾政委，红四方面军已经与毛泽东、朱德、周恩来领导的中央红军会师了，你的苦日子快到头啦！"

曾中生听后心潮起伏，热泪盈眶，久久不能平静，他日夜盼望的这一天终于要到来了！红四方面军可以得救了！革命的胜利大有希望了！他是多么地期盼着早日见到党中央派来的同志，他要向中央好好呈述过去的一切。

夜深了，昏黄如豆的酥油灯芯在风中摇曳，曾中生奋笔疾书，连夜给中共中央写信，表示要继续为党工作，愿意接受中共中央的审查和处理。同时，他还直接向张国焘提出要求释放，允许他向中共中央汇报。

刘伯承作为中央慰问团成员到达杂谷脑后，第一件事就是打听他的老朋友曾中生。他们是在莫斯科相识的，当时刘伯承在苏联高级步兵学校学习，后被调到伏龙芝军事学院，曾中生在莫斯科中山大学学习，虽然不在一个学校，但经常在一起参加中国学生的集会，彼此有很多的来往。1928 年夏，他们共同出席了在莫斯科举行的中国共产党第六次全国代表大会。1930 年夏，刘伯承归国到上海时，还参加过曾中生和黄杰的婚礼。不久，曾中生进入鄂豫皖苏区，任鄂豫皖特委书记兼鄂豫皖革命军事委员会主席，刘伯承在上海待了一年多，于1932 年 1 月进入中央苏区。所以，两人 5 年一直没有见过面。

刘伯承只知道曾中生在川西，具体情况一点也不知道。就向张国焘打听，张国焘很坦然地说："中生同志在鄂豫皖根据地的战斗中负了重伤，我留下他养伤，伤好了就回来。"

刘伯承信以为真，他哪里知道，曾中生就被关押在离他不远的一间阴暗的小屋里。

这时，张国焘正倚仗人多、兵多、枪多，疯狂地分裂党、分裂红军，进行另立"中央"的反革命阴谋活动。他害怕曾中生向中共中央说明事实真相和揭发他的一系列罪恶活动，不仅扣押了曾中生写给中共中央的信，也不许他同中央领导见面，更怕中央知道他被关押的消息。

后来，中共中央领导还是得知曾中生、廖承志、罗世文等人都被非法关押，十分关心。周恩来对曾中生、廖承志都十分了解，对他们特别关注，指名要见曾中生，都被张国焘以种种理由拒绝了。

深谙党内斗争的张国焘已经意识到，两军会师以后，自己在鄂豫皖革命根据地的前任曾中生无疑会对自己构成最大的威胁。他做贼心虚，担心曾中生将他的所作所为反映到中央，顿起杀心。

慰问团走了以后，张国焘立即把曾中生叫过来，亲自审问，并进行严刑拷打。然后命亲信黄超将曾中生秘密处死。黄超遂令手下人将曾中生带到了卓克基土司官寨。

张国焘不愧是搞阴谋诡计的老手。他想，公开杀曾中生，名不正言不顺，中央不会同意。干脆，一不做二不休，偷偷干掉他，再想法掩人耳目！他想出了一个毒计，把保卫局的党羽叫来，如此这般说了一下。这个党羽虽然替张国焘杀过无数忠诚的红军指战员，但听说要杀曾中生，也不禁吓出了一身冷汗。

张国焘恶狠狠地说："无毒不丈夫！曾中生要是有出头之日，第一个倒霉的就是你！然后才轮到我。"

1935 年 8 月的一天深夜，在四川西北卓克基以北的一片树林里，经过一天行军跋涉的红军战士都睡熟了，只有不知名的小昆虫的悲鸣在一片寂静中显得格外凄凉。夜很黑，曾中生双手反绑着，被押进了卓克基的一片密林里。

"坐下！"曾中生听到身后有人喊了一声。他回头看了看，问道："把我带到这里来干什么？"

一个干部模样的人说："部队今天晚上要行军，你先在这里休息下。"

曾中生刚一坐下，一条绳子就紧紧地勒住了他的脖子……这位忠诚的革命战士就这样悄无声息地惨死在阴谋家张国焘的手中……

接着，张国焘指使人在卓克基南面大声喊叫："曾中生通敌逃跑了！向番人投降去了！快追呀！"又让一些武装人员装模作样地到附近山上"搜索"，整整折腾了一夜。

第二天，张国焘指使人造谣惑众："曾中生通敌，掉进河里淹死了。"还故意将看管人员抓起来审讯、关押，以掩盖他犯罪的事实。

这位为中国革命献出青春和热血的无产阶级革命家被害时，年仅 35 岁。

尾声

中央红军到达陕北后，当毛泽东看到曾中生写的那些军事著作后，大加赞赏，并成为毛泽东系统总结中国革命战争战略思想的重要素材，在我军历史甚至世界军事史上产生了深远的影响。

由于张国焘的严密封锁，当时中共中央还不知道曾中生被害的消息。中共中央对曾中生的安危十分关心，1936 年 2 月 8 日，毛泽东、周恩来在陕北特意请林育英（张浩）以共产国际代表团的名义电示张国焘：鄂豫皖肃反颇多"左"的错误，扩大化，至一营一连被捕，地方组织垮台。四方面军先后破案中涉及兄处高级负责人为托派，是否属实。鉴于历史教训，盼兄负责检查，使扩大、偏见与单凭口供刑讯等错误早告肃清，廖承志、曾中生即使有反动嫌疑，亦须保全其生命安全，并给以优待。

此时，曾中生已被张国焘杀害半年多了，党为此深感痛惜。

1945年，中共中央在延安召开了中国共产党第七次全国代表大会，中共中央为曾中生彻底平反昭雪，肯定了他为中国人民的解放而英勇战斗的一生，追认为革命烈士。曾中生的亲密战友刘伯承赞扬道："中生同志很聪明、机警，说话也很尖锐，智力过人，写文章下笔如飞，又快又好。"

徐向前对曾中生给予高度评价："曾中生同志是个能文能武、智勇双全的红军领导人，杰出的共产主义战士。他对党忠诚，待人诚恳，才思敏捷，浑身充满革命者的战斗激情和力量。"

1989年，中共中央军委确定曾中生为无产阶级军事家，中国人民解放军33位（后补充为36位）军事家之一。我党的优秀干部、卓越的红军指挥员。他为党的事业和人民军队建设所树立的功勋，永载史册。

《诗话中华军事人物三百篇》中的《怀曾中生》这样写道：

从戎投笔解民悬，冲破雾障擎锤镰。

火淬黄埔精光射，剑飞武汉捷报传。

强敌外抗辟红土，顽奸内抨息黑烟。

万里征途需良将，惨遭谋害啸长天。

建党百年之际，《旗帜·丰碑》为 109 位邮票上的共产党员撰写楹联，其中为曾中生写道：

投笔从戎陷阵，苏区重任当，危际守疆伟略雄才，直言无讳；

蒙冤受屈抗争，逆境忠贞显，狱中奋笔经天纬地，至死不渝。

从湖南省资兴市城区出发，沿着弯弯曲曲的山间公路一路向东，车行约一个半小时就到了州门司镇春牛村，这里便是中国工农红军杰出指挥员、军事家曾中生的家乡。

进入村口不远，与村部大楼相对，一栋坐落在稻田边的湘南民居格外引人注目。在这栋土砖木结构的房子里，曾中生度过了他的童年和少年时光，然后外出求学，走上革命道路。

距离曾中生牺牲已经 90 年，但党和人民并没有忘记这位从大山中走出的革命先烈。曾中生的故居几经修缮，已经成为省级文保单位和当地党员教育示范基地。

后　记

　　翻开从中国共产党诞生到新中国成立的历史画卷，一颗颗耀眼的星辰闪现在我们的面前。我把目光聚焦在为中国革命作出巨大贡献和取得辉煌成就的中国人民解放军36位军事家之一的曾中生身上，深刻解读他在短暂的一生中，为中国革命矢志不渝、英勇奋斗的可歌可泣的英雄事迹，以及他伟大的人格和崇高的精神，以此来激励在新时代新征程上不断进取的人们。

　　根据《中华先烈人物故事汇》的编写要求，笔者从曾中生浩如烟海的英雄材料中，选取了18个方面最具典型的故事来展现他光辉战斗的一生，力求用生动感人的英雄故事，传递英雄烈士伟大的革命精神。

　　在编写过程中，得到军事科学院军队政治工作研究院机关、领导的大力支持，康月田、李博、陈力、褚银等多位专家学者进行了具体指导和审读。

主要参考的书目有：《中共党史人物传》（中国中共党史人物研究会编／中国人民大学出版社）、《解放军烈士传》（解放军烈士传编委会编／长征出版社）、《中国人民解放军高级将领传》（中国人民解放军《中国人民解放军高级将领传》编审委员会、中国中共党史人物研究会《中国人民解放军高级将领传》编撰委员会编／解放军出版社）、《川陕革命根据地英烈传》（川陕革命根据地历史研究会编／四川省社会科学院出版社）、《黄埔将帅》（陈锡增、廖隐邨主编／当代世界出版社）等。

在此，谨向关心和提供帮助的各位领导、专家学者，以及上述书目作者、编辑致以最诚挚的谢意！

图书在版编目（CIP）数据

曾中生 / 军事科学院解放军党史军史研究中心编.
北京：学习出版社，2025.6. -- （中华先烈人物故事
汇）. -- ISBN 978-7-5147-1362-6

Ⅰ. K825.2

中国国家版本馆CIP数据核字第202516LC06号

曾中生
ZENG ZHONGSHENG

军事科学院解放军党史军史研究中心

责任编辑：王振宁		封面绘画：刘书移	
技术编辑：贾　茹		内文插图：韩新维	
美术编辑：杨　洪		装帧设计：壹读闻话	

出版发行：**学习出版社**
　　　　　北京市东城区崇外大街11号新成文化大厦B座11层
　　　　　（100062）
　　　　　010-66063020　010-66061634　010-66061646
网　　址：http://www.xuexiph.cn
经　　销：新华书店
印　　刷：北京联兴盛业印刷股份有限公司

开　　本：787毫米×1092毫米　1/32
印　　张：5
字　　数：63千字
版次印次：2025年6月第1版　2025年6月第1次印刷

书　　号：ISBN 978-7-5147-1362-6
定　　价：22.00元

如有印装错误请与本社联系调换，电话：010-66064915